# el mito taíno:

## Levi-Strauss en las antillas

## mercedes lópez-baralt

ediciones huracán

# el mito taíno:

## Levi-Strauss en las antillas

## mercedes lópez-baralt

1985

Primera edición: 1976
Segunda edición: 1985 (revisada y aumentada)

Fotografía de portada y diseño gráfico: José A. Peláez
Fotografía de contraportada: Marshall Morris
Al cuidado de la edición: Carmen Rivera Izcoa

Impreso y hecho en la República Dominicana/
*Printed and made in the Dominican Republic*

Número de catálogo Biblioteca del Congreso/
*Library of Congress Catalog Card Number:* 85-80033
ISBN: 0-940238-27-6

*"Viva la sombra*
*del que la tiene enfrente*
*mas no la nombra."*

Alfredo Zitarrosa

# INDICE

## NOTA A LA SEGUNDA EDICION

*Han pasado ocho años desde la aparición original de* El mito taíno: raíz y proyecciones en la Amazonia continental, *ya agotado. Ahora Huracán emprende gentilmente esta edición, que reproduce el texto de la primera pero la amplía con un ensayo reciente. De ahí el nuevo título:* El mito taíno: Lévi-Strauss en las Antillas. *El lapso transcurrido entre mi primera incursión en la literatura colonial y este libro marcó la etapa de la formación antropológica que le debo a la Universidad de Cornell. He dedicado los últimos años a la literatura nativa del mundo andino, tanto a la semiótica de la imagen en la crónica ilustrada de Guamán Poma de Ayala, como a las expresiones mesiánicas del retorno del Inca rey: el ciclo oral de Inkarrí y la elegía anónima por la muerte de Atahualpa. Sin embargo —y como caribeña— siento una particular devoción por el textito de aquel simpático fraile sin pretensiones, que resultó uno de los antropólogos más sagaces del Nuevo Mundo, y cuya relación funda el mestizaje de nuestras letras. El respeto de Pané por la diversidad cultural —tomó la tradición oral indígena de los taínos de la Española cual el "dictado" de un Berceo— queda como legado para los latinoamericanos de hoy.*

*Va un testimonio de agradecimiento a tres personas que inspiraron este trabajo: José Juan Arrom, Miguel León-Portilla, y muy especialmente, Jalil*

*Sued Badillo. También a los lectores que le dieron tan generosa acogida a la primera edición: Juan Martínez Capó, Gordon Lewis, Ricardo Alegría, Eliseo Colón, colegas y amigos en general. A mis estudiantes les dedico esta segunda salida de* El mito taíno.

Mercedes López-Baralt
Hato Rey, Puerto Rico

# EL MITO TAINO: RAIZ Y PROYECCIONES EN LA AMAZONIA CONTINENTAL

# 1. Introducción

Este trabajo pretende confirmar —a nivel de superestructura— lo que ya la arqueología, los documentos históricos, la etnografía actual y la lingüística han establecido sobre la relación que existe entre los pueblos aborígenes agrícolas de las Antillas y los del noroeste de Sudamérica. Ubicaremos la mitología taína que recoge el texto de Fray Ramón Pané *(Relación acerca de las antigüedades de los indios)* en el contexto de la familia mitológica de las culturas de la yuca en la zona amazónica continental. La naturaleza misma del tema, por lo cuantioso e inexplorado del material, nos impone dos limitaciones, a saber: 1) no nos creemos en condiciones de apuntar a la cultura particular cuya mitología pueda considerarse "madre" de la mitología arahuaca insular, sino más bien a una zona que le sirve de contexto y cuyas fronteras son difíciles de precisar; 2) evitaremos afirmaciones de tipo dogmático por entender que el terreno en que nos movemos es resbaladizo y tentador para la elaboración de especulaciones que no resisten el cotejo con la realidad infraestructural. En este sentido el presente trabajo es la intuición preliminar de un estudio más a fondo sobre el tema.

Como señalamos recién, partimos de la premisa de que la relación entre nuestros aborígenes taínos y el tronco arahuaco continental se ha establecido a distintos niveles. Examinemos brevemente la situación actual de la premisa desde las siguientes perspectivas:

*La perspectiva arqueológica.* El consenso de los arqueólogos que han dedicado su atención a la zona del Caribe nos indica que los pueblos agrícolas y ceramistas que llegan a las Antillas entre el 1 y el 300 d.C. provienen del tronco arahuaco de la parte noroeste del continente; se trata de una migración saladoide-barrancoide de la zona del Orinoco (ver cronología de la prehistoria antillana). La base material para esta teoría está en los estilos cerámicos. En este sentido concuerdan, en lo fundamental, los siguientes especialistas: Irving Rouse ("The Arawak", en *Handbook of South American Indians*, y *Prehistory of the West Indies*), Gordon Willey ("The South American Tropical Lowlands", en *An Introduction to American Archaeology*, II), Julian Steward ("The Circum-Caribbean Tribes", en *Handbook of South American Indians*), Marcio Veloz Maggiolo *(Arqueología prehistórica de Santo Domingo)*, Ricardo Alegría *(La situación actual de los estudios arqueológicos en Puerto Rico)*, Karl Schwerin *(Arawak, Carib, Ge, Tupi: Cultural Adaptation and Culture History in the Tropical Forest, South America)* y Roberto Cassá *(Los taínos de la Española)*.

Hay que notar que el desarrollo socio-cultural de los aborígenes antillanos supera notablemente la suerte que corren sus parientes continentales, descendientes del mismo tronco. A este desnivel

Las fotografías que presentamos en esta edición pretenden ilustrar las representaciones materiales de algunos de los motivos míticos más importantes del texto de Pané. También nos dan una noción de la altura estética a que llegó el ceremonialismo taíno. Este hecho, por sí solo valioso, nos permite inferir el grado de desarrollo socio-económico de la sociedad taína. La elaboración de estos artefactos rituales es obra de artesanos especializados, hecho que es un indicador indudable de que eta cultura agrícola ya produce un excedente que libera a ciertos grupos (sacerdotales, políticos, artesanales) de la producción de los bienes de subsistencia.

*Pintaderas de la etapa igneri, en barro. Cortesía del Museo De Hostos. Fotografía: Bolívar Aparicio.*

18

*Muestra de lapidaria de la etapa igneri. Nótese amuleto en piedra verde con motivo de rana, al centro. Cortesía Museo De Hostos. Fotografía: Bolívar Aparicio.*

aluden entre otros, Evans, Meggers y Cassá. Pero uno de los que mejor han precisado el grado de evolución a que llegaron los taínos ha sido Kalervo Oberg, quien, sustituyendo la tipología clasificatoria de áreas (Steward) por la de culturas, los sitúa bajo la clasificación de *cacicazgos políticamente organizados:*

Las unidades tribales que pertenecen a este tipo son cacicazgos que abarcan un territorio de múltiples aldeas, gobernado por un cacique supremo bajo cuyo control están los distritos y aldeas gobernados por una jerarquía de caciques subordinados. La característica sobresaliente de este tipo de organización política está en que los caciques tienen poderes judiciales para decidir disputas y castigar a los transgresores incluso con la pena de muerte, y, bajo el liderazgo del cacique supremo, pueden demandar hombres y provisiones para propósitos de guerra. La unidad se logra por confederación, siendo el interés común (y en última instancia el reconocimiento de un ancestro tribal común) el factor clave de la aceptación de la autoridad política. No hay ejércitos ni cuerpos administrativos con carácter de permanencia; tampoco se da el pago de tributos. Los caciques constituyen la clase más alta, gracias a su riqueza, que se traduce en propiedades y esclavos adquiridos mediante la guerra, así como los correspondientes honores. Los parientes de los caciques y los guerreros sobresalientes constituyen una clase de alto rango, frecuentemente descrita como una especie de nobleza. A la misma le sigue la gran masa de hombres comunes. Los esclavos, como siempre, constituyen la clase más baja. Los caciques tienen un gran número de mujeres, son transportados en literas, viven en ca-

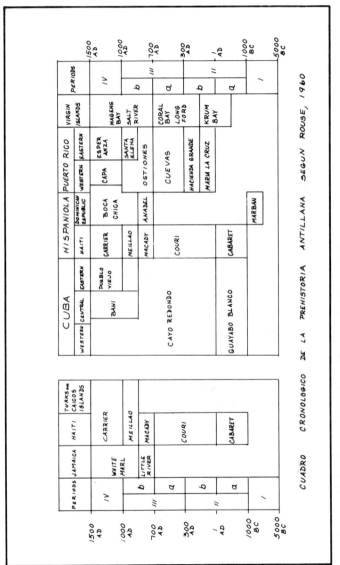

*Cuadro cronológico de la prehistoria antillana según Rouse, 1960.*

sas grandes, tienen muchos títulos, y frecuentemente hablan a la gente común a través de un intermediario. Los Calamaro, los Quimbaya, los Tolú, los Cenú y los Mompox de las tierras bajas del norte de Colombia parecen haber tenido este tipo de organización social, y un buen ejemplo de la misma son los taínos arawakos de las Antillas, según los describe Rouse...[1]

Obviamente Oberg coincide con la definición que Reichel-Dolmatoff hace de cacicazgo en *The Agricultural Basis of the Sub-Andean Chiefdoms of Colombia*:

Las características de los cacicazgos son las siguientes: grandes asentamientos unidos en confederaciones bajo una jerarquía de jefes; estratificación social que incluye sacerdotes, guerreros o nobles, gente común y esclavos; y una economía de redistribución con excedentes de tierra, trabajo o bienes agrícolas administrados por las élites.

Estos cacicazgos contrastan con las categorías más primitivas en que caen los pueblos amazónicos, según el mismo Oberg, *grupos tribales homogéneos*:

...un grupo tribal homogéneo es un grupo sociopolítico que tiende a autoperpetuarse y que se identifica por un nombre y un mito de origen que define la auténtica membrecía bilateralmente a través del padre y de la madre hasta llegar a los ancestros

1 Oberg: *Types of Social Structure Among the Lowland Tribes of South and Central America*, p. 206. (Esta y las demás citas del inglés han sido traducidas por la autora).

22

*Mapa 1: Area del Caribe. Distribución de grupos étnicos en el momento de la conquista: 1) ciboney, 2) subtaíno, 3) lucayo, 4) taíno, 5) ciguayo, 6) caribe insular. (Según Steward: "The Circum-Caribbean Tribes", y Willey: "The American Tropical Lowlands").*

23

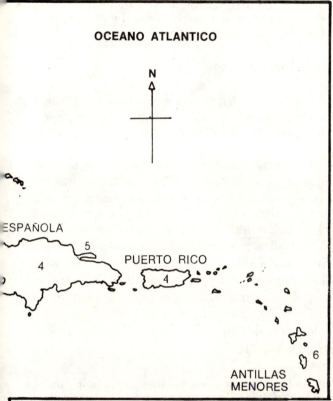

OCEANO ATLANTICO

N

ESPAÑOLA

5

4

PUERTO RICO

4

ANTILLAS
MENORES

6

Nota: Los indios de las Antillas Menores han sido llamados tradi-
cionalmente "caribes" a secas. Aquí los llamamos "caribes insulares"
para distinguirlos de los caribes continentales. Culturamente están
más cerca de los demás grupos antillanos que de su homónimos del
continente; según Rouse (1974) pertenecen a la familia lingüística
arahuaca. Por otra parte, la evidencia arqueológica está señalando que
no hubo ninguna migración posterior a la original saladoide-barrancoide (arahuaca) a las Antillas. Si no hay base arqueológica para suponer que los caribes insulares constituyen una cultura distinta a la taína,
podríamos quizá llamarmos "subtaínos", entendiendo que una ecolo-
gía menos propicia no les permitió llegar al nivel de desarrollo de
los taínos.

míticos. La mayor parte de los cazadores del sur y muchas tribus de la selva tropical y del área del Caribe pertenecen a este tipo.[2]

*y tribus segmentadas*:

...las tribus segmentadas hacen su aparición cuando se hace necesario identificar y clasificar grupos en vez de individuos...[3]

La evidencia que marca las diferencias de desarrollo que se dan a nivel prehistórico, convirtiendo el área antillana en una especie de zona intermedia entre las áreas nucleares (Mesoamérica, el incario) y las áreas denominadas "de selva tropical" (para emplear esta vez una tipología más cercana a Steward y a Meggers) es arqueológica, y se basa en el contraste del rico ceremonialismo taíno y la relativa pobreza ceremonial de los pueblos amazónicos. Para corroborar esto último no podríamos aducir evidencia histórica y etnográfica como la que presenta Dalton (1855):

La forma de vida de estas gentes es simple y primitiva. Cada tribu tiene su propio territorio de caza; cada familia posee su propia plantación, que consiste en un pedazo de tierra despojado ya de árboles altos y cultivado con provisiones como yuca, 'tanias' y maíz. Cada familia posee los pocos utensilios necesarios para cocinar y comer, tales como rudas vasijas de barro de distintas formas y tamaños. (...) Entre ellos hay muy poca diferen-

2 *Ibid.*, p. 197.
3 *Ibid.*, p. 204.

ciación de rango, riqueza y honor. (Se refiere a los
indios de la Guayana Británica: arahuacos, accawai,
guaraos, macusi y caribes).[4]

y entre otros, Schomburgk (1847), pues después de
la conquista y colonización hay ya otros factores
(despoblación, aislamiento, explotación y desmo-
ralización colectiva) que son en gran medida res-
ponsables de la situación de los grupos amazónicos
en su etapa histórica.

Pero volviendo a la relación entre Antillas y
Amazonia, la misma no se resuelve en una sola
dirección (del continente hacia las islas), si bien
ésta es la original. Que el influjo entre ambas zonas
es recíproco está ampliamente sustentado por la
evidencia arqueológica.[5] Sin embargo, es desde las
perspectivas histórica, etnográfica y lingüística
que podemos constatar de modo más palpable el
camino de vuelta de la interacción entre las islas y
el continente, regreso que en la Amazonia está consignado a nivel mítico por pueblos indígenas históricos.[6]

4 Dalton: *The History of British Guiana*, I, pp. 81-85.

5 Ver Cruxent, Rouse y Meggers, entre otros.

6 "El caribe se autodenomina Banares; literalmente: hombre que
viene de allende el mar". (Dalton: *op. cit.*, p. 71. Dalton está citando
a Labats).

   "No sólo ellos (los caribes) sino también entre las tribus restantes
se ha mantenido la tradición de que los caribes entraron a Guayana y
que sus ancestros habitaban las islas". (Schomburgk: *Travels into British Guiana*, p. 236).

   "Entonces le pregunté si sabía dónde habían ocurrido estos acontecimientos. Me respondió: 'No en esta tierra, sino en *Kaieri*', señalando con su mano hacia el norte. La palabra *kaieri* significa literalmente: 'isla', pero ninguno de ellos sabía qué nombre daban los ingle-
ses a la isla en cuestión, hasta que el jefe, después de reflexionar un

*La perspectiva histórica.* Los documentos históricos del momento de la conquista y primeros siglos de colonización —entre ellos, el diario de Colón y las crónicas de Indias españolas (principalmente Oviedo y Las Casas) y francesas (Bouton, Blanchard, etc.)— fundamentan la relación cultural entre las áreas que nos interesan. No cabe duda de que el parentesco entre los pueblos antillanos y amazónicos se vio reforzado en tiempos históricos por el repliegue de nuestros aborígenes hacia el continente a causa de la conquista. Esta situación está recogida en fuentes documentales muy tempranas, que señalan que hay indios de Puerto Rico en la isla de Trinidad de paso hacia tierra firme.[7] Sin embargo, hay que dejar establecido que la conquista no fue la sola explicación de este flujo poblacional. Ya en el segundo viaje (1493) Colón encuentra mujeres de Puerto Rico y de la Española en la isla de Guadalupe.

*La perspectiva etnográfica.* En el curso del presente trabajo acudiremos a varios estudios sobre pueblos aborígenes actuales del noreste de Sudamérica, cuyas similitudes con los antillanos del período previo a la conquista apuntan a un claro

poco, dijo que los cristianos la habían llamado *Trinidad*. La tradición parece importante, en la medida en que demuestra que esta tribu tuvo en tiempos pasados alguna conexión con las islas, y que no limitó su habitación a la Tierra Firme''. (Diálogo entre Brett y Maraka-kore, un viejo chamán arahuaco. Surge cuando Brett le pregunta por el lugar de origen de ciertos acontecimientos míticos que el anciano acaba de narrarle. En Brett: *The Indian Tribes of Guiana*, pp. 293-294).

7 Sued Badillo señala a Coll y Toste.

parentesco cultural.[8] Nos referimos a las obras de
Walter Roth: *The Animism and Folklore of the
Guiana Indians* y *An Introductory Study of the
Arts, Crafts and Customs of the Guiana Indians;*
de Claude Lévi-Strauss: *Mitológicas* I y II; de Ge-
rardo Reichel-Dolmatoff: *Los Kógi* y *Desana;* de
Alfonso Torres Laborde: *Barasana;* y de Napoleón
Chagnon: *Yanomamö.*

*La perspectiva lingüística.* Esta es la perspectiva
menos explorada, por lo que espera cuidadosa atención en el futuro. El primero en emplear la herra-
mienta lingüística para el estudio del mito aborí-
gen antillano es José Juan Arrom en su *Mitología
y artes prehispánicas de las Antillas.* Tomando el
camino abierto por la monografía de Daniel G.
Brinton: *The Arawak Language of Guiana in its
Linguistic and Ethnological Relations*, primer trabajo en esclarecer la relación de la lengua taína con
la familia arahuaca a la que pertenece, Arrom estu-
dia la mitología recogida por Pané. Por nuestra
parte, en el curso de esta investigación ha saltado a
la luz con mucha frecuencia la familiaridad que
existe, a nivel lingüístico, entre las culturas aborígenes en su relación insular/continental. Ilustrare-
mos esto con un solo ejemplo, el del término *maboya,* cuyas variantes aparecen tanto en las Antillas

8  Durante el mes de junio de 1976, el Dr. Ricardo Alegría presentó
una interesantísima exposición etnográfica de la cultura material de
pueblos actuales del Orinoco en el museo de la Fundación Arqueológica, Antropológica e Histórica de Puerto Rico. Dicha muestra fue
una ilustración viva de la familiaridad que existe entre los pueblos indígenas amazónicos y los del Caribe.

*Cemí o trigonolito en mármol blanco (etapa taína). Visto de frente.*
*Cortesía del Museo De Hostos. Fotografía: Bolívar Aparicio.*

29

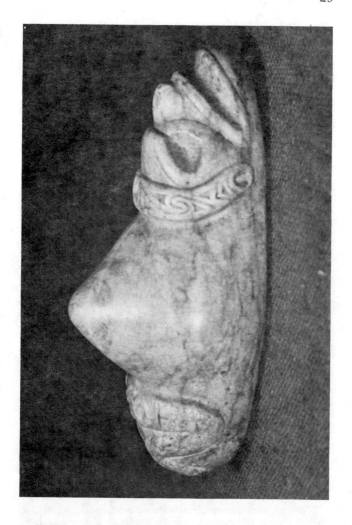

*Vista lateral del mismo cemí. Cortesía del Museo De Hostos. Fotografía: Bolívar Aparicio.*

Mayores (Pané) como en las Menores (Bouton, Blanchard, Rochefort y Poincy) y en las Guayanas (Roth).

Según Roth (1915), los caribes guayaneses llaman maboya a los espíritus de la selva que son a veces dañinos al hombre. Tanto la palabra como el concepto se corresponden con lo que encontramos para las Antillas Menores:

> Ellos saben por experiencia, y a sus expensas, que hay espíritus, ya que el diablo, al que llaman *Maboia*, les golpea algunas veces para hacerles morir.
> El demonio no tiene tanto poder sobre ellos cuando están con los franceses; pero a la vuelta les atormenta cruelmente por lo que allí han hecho. Ellos confiesan que la señal de la Santa Cruz hace huir a este *Maboia*; la mayor parte de ellos tienen en sus habitaciones una puerta por la cual dicen que aquél entra y sale. No le rinden ningún tributo, que yo sepa, y no le hacen sacrificio alguno. Conocen también uno que llaman zemí, que no los trata mejor que este *Maboia*. (Bouton, 1635).[9]

> Del Cemí y de *Maboia*, que son sus buenos y malos espíritus... (Blanchard, 1674).[10]

> Rochefort y Poincy confirman esto para la misma gente: los Caribes sufren de otros males que según ellos son causados por Maboya, y se quejan

9 Bouton: *Relation de L'Etablissement des Francais Depuis L'an 1635 en L'Ile de la Martinique une des Antilles de L'Amerique*, p. 40.

10 Blanchard: *Relation de l'origine, moeurs, costumes, religion, guerres et voyages des Caraibes, sauvages des isles Antilles de l'Amérique*, p. 36. Bastardilla nuestra.

a menudo de que él les pega durante el sueño.
(1665).[11]

En Pané encontramos una variante:

Estando viva la persona, llaman al espíritu
goeíza, y después de muerta, le llaman *opía*... Y los
sobredichos muertos no se les aparecen de día, sino
siempre de noche; y por eso con gran miedo se atre-
ve alguno a andar solo de noche. (1498 aprox.)[12]

No es difícil corroborar que se trata de la misma
raíz que en los casos anteriores. En *The Arawak
Language of Guiana*, De Goeje presenta la oposi-
ción mapoya/opoyem dentro de la lengua de los
caribes insulares (IK = Island Karib):

46.    Nature-spirit, demon, 166j, (comp. nº 42).
       I. A mahui, *IK mapoya (IKf opoyem,
       good spirits)*,...[13]

Si consideramos, con Arrom, que *ma* en arawako
es un prefijo privativo que significa *sin*, podríamos
reconstruir hipotéticamente el término *maboya* a
partir del *opía* de Pané:

OPÍA = espíritu (bueno)
MA = sin

11   Roth: *The Animism and Folklore of the Guiana Indians*, p. 165.
Bastardilla nuestra.
12   Pané: *Relación acerca de las antigüedades de los indios*, p. 33.
Bastardilla nuestra.
13   De Goeje: *The Arawak Language of Guiana*; pp. 220-221. Bastardilla nuestra.

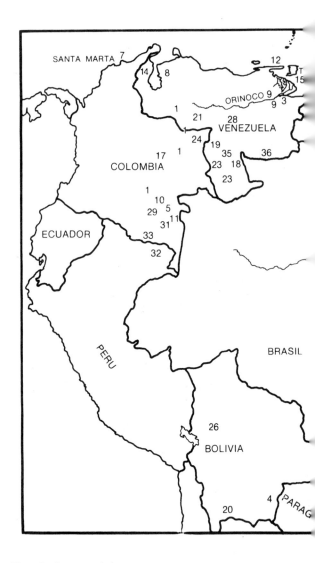

*Mapa 2: Area amazónica*

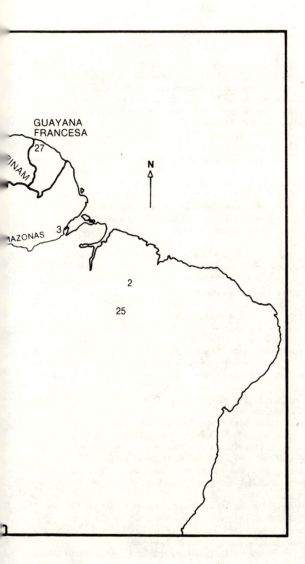

Localización de los principales grupos indígenas cuyos mitos han sido citados en el presente trabajo. (Véase mapa en página anterior).

1. *Achagua*. Según el mapa 6 (The native tribes of Venezuela and Lowlands Colombia), vol. IV de *Handbook of South American Indians* de Steward, en cuatro lugares: al sudeste del Golfo de Venezuela; en las márgenes del río Meta, entre Venezuela y Colombia; al norte del río Vichada, en el noreste de Colombia; y al noroeste del río Guaviare, hacia el centro de Colombia.

2. *Apinayé*. Según la figura 1 de *Lo crudo y lo cocido*, de Lévi Strauss: al noreste del río Araguaya en Brasil.

3. *Arahuaco*. De la familia lingüística arahuaca (Armellada). Según mapa de Armellada (Literaturas indígenas venezolanas) y mapa citado de Lévi-Strauss, en las márgenes del río Essequibo en Guyana; según mapa 7 (The Tribes of the Guianas), vol. III del *Handbook...* de Steward, y mapa citado de L-S, en la desembocadura del Amazonas, en Brasil, y entre el Orinoco y el río Tigre, en Venezuela.

4. *Ashluslay*. Según mapa citado de L-S, al norte del río Pilcomayo en Bolivia.

5. *Barasana*. De la familia lingüística tukano (Torres Laborde). Según dicho autor, en la Amazonia colombiana, comisaría del Vaupés.

6. *Bororo*. Según mapa citado de L-S: al este del río Paraguay, en Brasil, cerca de la frontera con Bolivia.

7. *Cágaba o Kógi*. Según Reichel-Dolmatoff: en la Sierra Nevada de Santa Marta, al noreste de Colombia.

8. *Caiquito*. Según Oviedo: Golfo de Venezuela.

9. *Caribe*. Según mapa citado de L-S y mapa 6-7 de Willey (p. 370 de *The South American Tropical Lowlands*), en las márgenes del Orinoco en Venezuela. Según mapa 7 (Steward, III) al norte del río Mazaruni en Guyana. El mapa 7 confirma también la ubicación que dan L-S y Willey.

10. *Cúbeo*. Según mapa 5 (Steward, III): en la zona del río Vaupés, Amazonia colombiana.

11. *Desana*. De la familia lingüística tukano (Reichel-Dolmatoff). Según dicho autor, en la zona del río Vaupés, Amazonia colombiana.

12. *Guácara*. Según el mapa 7 (Steward, III): entre los ríos Anauá y Mapuera, en Brasil, cerca de la frontera sur de Guyana.

13. *Guaiguay o wai wai*. De la familia lingüística caribe (Armellada). Según mapa de dicho autor: al sur de Guyana, márgenes del río Essequibo.

14. *Guajiro*. De la familia lingüística arahuaca (Armellada). Según mapa 6 (Steward, IV) y mapa Armellada: Golfo de Venezuela.

15. *Guarao*. Según mapas de Armellada, L-S, Willey (6-7), y Steward (mapa 7, vol. III): Golfo de Paria, en Venezuela.

16. *Macusi o makuchí*. De la familia lingüística caribe (Armellada).

Según mapas de Armellada, L-S y Steward (7, III): al oeste del río Essequibo en Guyana.

17. *Maipure*. Según mapa 7 (Steward, III): en las márgenes norte y
sur del río Vichada, en Colombia.

18. *Makiritare*. De la familia lingüística caribe (Armellada). Según
mapas de Armellada y Steward (7, III): en estado Bolívar y territorio
Amazonas, Venezuela.

19. *Mapoye*. De la familia lingüística caribe (Armellada). Según mapas de Armellada y Steward (6, IV): territorio Amazonas, en Venezuela,
cerca de Colombia y río Meta.

20. *Matako*. Según mapa de L-S: cerca del río Pilcomayo en Bolivia.

21. *Otomaco*. Según mapas de Willey (6-7) y Steward (6, IV); entre el
Golfo de Venezuela y el Golfo de Paria: márgenes del Orinoco en
Venezuela.

22. *Paria*. Según mapas de Willey (6-7) y Steward (6, IV): Golfo de
Paria, Venezuela.

23. *Piaroa*. Según mapas de Armellada y Steward (6, IV): territorio
Amazonas, en Venezuela.

24. *Sáliva*. Según mapa 6 (Steward, IV): entre los ríos Meta y Vichada, en Colombia, cerca de la frontera con Venezuela.

25. *Sherenté*. Según mapa de L-S: en las márgenes del río Araguaya,
en Brasil.

26. *Tacana*. Según mapa de L-S: en Bolivia.

27. *Taira*. Según mapa 7 (Steward, III): en la costa de la Guayana
francesa, cerca de Cayenne.

28. *Tamanaco*. Según mapa 6 (Steward, IV): en las márgenes del
Orinoco, en Venezuela, cerca de la frontera con Colombia.

29. *Tariána*. Según mapa 5 (Steward, III): en la zona del río Vaupés,
en Colombia.

30. *Tukano*. Según mapa 5 (Steward, III). Amazonia colombiana,
zona Vaupés.

32. *Tukuna*. Según mapa de L-S: Cerca del Río Putumayo, en la
frontera entre Perú y Colombia.

33. *Uitoto*. Según mapa 5 (Steward, III): en las márgenes del Putumayo, frontera Perú/Colombia.

34. *Wapisiana o Wapishana*. De la familia lingüística arawaka
(Armellada). Según dicho autor: en las márgenes del Essequibo,
Guyana.

35. *Yabarana*. De la familia lingüística caribe (Armellada). Según
dicho autor: en territorio Amazonas, Venezuela.

36. *Yanomamö, Yanomami o Waika*. Según mapa Armellada e información de Chagnon: Estado Bolívar y territorio Amazonas, en
Venezuela.

MAOPÍA = sin espíritu bueno. por ende, espíritu
      maligno

MABOIA

MABOYA

Volviendo a las Guayanas, hay incluso una tribu
llamada *Mapoya,* a la que alude Roth en 1915 (Armellada y Steward la señalan más tarde como *Mapoye,* ver mapa). Lo traemos como caso curioso, ya
que el autor no abunda en el significado del nombre ni nos dice tampoco si se trata de autodeno-
minación. Si en este caso el sentido fuera parecido
al del término que acabamos de analizar, tendría-
mos la posibilidad de intuir que se trata de un nombre impuesto por el etnocentrismo de grupos vecinos.

*El texto de Pané.* La fuente primaria para el estudio de la mitología antillana —el aludido texto
de Fray Ramón Pané: *Relación acerca de las antigüedades de los indios,* a la vez primera crónica
europea y primer trabajo etnográfico escrito[14] en el
Nuevo Mundo— es problemática en distintos sen-
tidos. En primer lugar, no existe —a menos que
esté por descubrir en algún archivo antiguo— el
manuscrito original. Contamos con la traducción
de Ulloa al italiano, hecha sobre el texto original

---

14  Arrom postula que Pané redactó el libro entre 1495 y 1498. Por
su carácter híbrido (crónica española y transcripción de mitología taína) también es metáfora germinal de lo que será nuestra literatura his-
panoamericana, mestiza.

incluido en el capítulo LXI de la *Historia del Almirante don Cristóbal Colón por su hijo don Fernando*, manuscrito también perdido, y con dos extractos: el de Mártir de Anglería y el del padre Las Casas, en latín y en español respectivamente. Para nuestro trabajo emplearemos la edición anotada (versión española) de José Juan Arrom (México, Siglo XXI, 1974).

En segundo lugar, está el tremendo problema de la traducción. Pané es catalán e intenta traducir al castellano mitos de una lengua aborigen que recién ha estudiado. Por si esto fuera poco, no aparece el manuscrito original castellano, como ya dijimos, sino otra traducción: la italiana de Ulloa (lo demás son extractos). Tenemos que agradecer a Pané que salvara en lo posible esta situación en las únicas formas que estaban a su alcance, a saber: 1) haciendo una transcripción casi directa de lo que oye. Su fidelidad a lo narrado por los "señores principales" taínos es tal, que no deja de proclamar que repite las cosas tal y como las oye, sin ceder a la tentación de ordenarlas para entenderlas mejor:

> Y como no tienen letras ni escrituras, no saben contar bien tales fábulas, ni yo puedo escribirlas bien. Por lo cual creo que pongo primero lo que debiera ser último y lo último primero. *Pero todo lo que escribo así lo narran ellos, como lo escribo, y así lo pongo como lo he entendido de los del país.*[15]

---

15  Pané: *op. cit.*, p. 26.

Cuando se equivoca en algo no tarda en admitirlo:

> Puesto que escribí de prisa, y no tenía papel bastante, no pude poner en su lugar lo que por error trasladé a otro; pero con todo y eso, no he errado, porque ellos lo creen todo tal como lo he escrito. Volvamos ahora a lo que debíamos haber puesto primero...[16]

2) cumpliendo, con 5 siglos de anticipación, el requisito que hoy pedirían Mounin y Malinowski al traductor: el de convertirse en etnógrafo de la cultura cuya lengua se traduce.[17]

Un tercer problema lo plantea la carencia —señalada por Arrom— de gramáticas y diccionarios en lengua taína, tan necesarios para el esclarecimiento de la mitología que recoge Pané, plagada de nombres y vocablos taínos. Dramatiza la importancia de esta carencia el hecho de que hoy, uno de los

---

16 *Ibid.*, p. 28.
17 En *El problema del significado en las lenguas primitivas*, señala Malinowski lo siguiente:
"Así como en la realidad de las lenguas habladas o escritas, una palabra sin contexto lingüístico es una mera ficción y no representa nada por sí misma, también en la realidad de una lengua hablada viviente, la expresión no tiene significado excepto en el contexto de situación. (...) yo afirmo que la perspectiva del etnógrafo es la única pertinente y real para la formación de concepciones lingüísticas fundamentales y para el estudio de la vida de las lenguas..." (pp. 321-322).
Mounin parece estar de acuerdo, cuando en el capítulo *La etnografía es una traducción*, de su obra *Los problemas teóricos de la traducción*, dice:
"La lingüística americana tiene razón en un punto, el punto de partida: el contenido de la semántica de una lengua es la etnografía de la comunidad que habla esa lengua" (p. 268).

métodos más fecundos para la interpretación del mito es el del análisis lingüístico de los nombres de los dioses, "instrumento espiritual que correctamente utilizado, es capaz de llevarnos a comprender el proceso de formación de los conceptos religiosos".[18]

Hay todavía un cuarto problema: lo que recoge Pané es tan sólo una muestra, si bien riquísima y coherente, de la mitología taína. Sabemos que es imposible hasta para un etnógrafo actual recoger la totalidad de los mitos de un pueblo, y esto explica parcialmente las lagunas del texto de Pané. La explicación se hace más cabal si consideramos un hecho importante, también corroborable a nivel de la práctica antropológica. Cuando leemos cualquier estudio etnográfico de un pueblo tradicional, una de las primeras cosas que sale a colación es la dificultad que tiene el investigador para ganarse la confianza de la comunidad que pretende estudiar y participar —por lo menos como espectador— de sus rituales. Si a esto añadimos que el mito, en todo pueblo con un germen de estratificación, tiene la función de mecanismo de control social manejado por un grupo, tendremos que contar con el carácter arcano y sagrado del mismo. El papel del mito en la sociedad taína revela lo antedicho. Dice Pané:

> Porque yo lo he visto con mis ojos, bien que de las otras cosas conté solamente lo que había oído

18  Cassirer: *Filosofía de las formas simbólicas*, II, p. 43. Un ejemplo concreto del funcionamiento de este método lo tenemos en el libro de Martínez Paredes: *Hunab Ku. Síntesis del pensamiento filosófico maya.*

a muchos, en especial a los principales, con quienes he tratado más que con otros; pues éstos creen en estas fábulas con mayor certidumbre que los otros".[19]

Torres Laborde constata una situación similar en el grupo actual de los barasana, cultura menos evolucionada que la taína:

Hay por lo menos dos tipos de mito: el primero, los recitativos estereotipados y memorizados que se recitan durante las fiestas mientras se toma yagé; tienen un carácter sumamente sagrado y constituyen un arcano del cual se excluyen las mujeres, los niños y los extraños y sobre todo los blancos; muy difícilmente se puedan traducir y con dificultad los entiende el grupo mayoritario de los Barasana...[20]

Por lo tanto, a Pané no le debe haber sido fácil, tan temprana aún la conquista, y como extranjero total a la cultura indígena, llegar a una posición que le permitiera la transcripción de areitos. Pienso que hay que atender a la posibilidad de que algunos momentos importantes del mito le fueran escamoteados al fraile. Lo que dice Colón sobre el ritual de la cohoba en la biografía que le hace su hijo Fernando, casi corrobora nuestro temor en este sentido:

Las palabras que dicen no las sabe ninguno de los nuestros.

19  Pané: *op. cit.*, pp. 33-34
20  Torres Laborde: *Barasana*, p. 15.

Sin embargo, el reconocimiento de estos problemas, mencionados —como cuestión de rigor— para que no olvidemos que las interpretaciones del texto muchas veces tendrán un carácter provisional, no nos impide apreciar la cohesión de la mitología que recoge Pané. Por el contrario, precisamente si tenemos en cuenta lo problemático del texto, es que sobresale en su justo mérito la labor del fraile al consignar en su obra una porción de mitología taína, que, aunque fragmentaria, todavía conserva el sentido de totalización de lo fundamental de su cultura.

Nos parece importante señalar en este momento por lo que nos toca como puertorriqueños, que la mitología taína del texto de Pané, aunque parte específicamente de la experiencia de la Española, es patrimonio cultural nuestro también, no sólo porque somos antillanos, sino por la profunda unidad cultural que caracterizaba a las Antillas en el momento de la conquista. No debemos perder de vista las afirmaciones de Las Casas:

> Para principio de lo cual es importante saber que las gentes desta Española, y la de Cuba, y la que llamamos de San Juan, y la de Jamaica, y todas las islas de los Lucayos, y comúnmente en todas las demás que están en cuasi renglera desde cerca de la Tierra Firme, comenzando del Poniente al Oriente, bien por más de quinientas leguas de mar, y también por la costa de la mar, las gentes de la Tierra Firme por aquella ribera de Paria, y todo lo de allí abajo hasta Veragua, cuasi toda era una manera de religión, y poco o cuasi ninguna, aunque alguna

42

especie tenían de idolatría".[21]

y de Oviedo:

> en las idolatrías del cemí y en los areytos e juegos
> del batey y en el navegar de las canoas y en sus man-
> jares e agricultura y pesquerías, y en los edificios
> de casas y camas, y en los matrimonios e sucesión
> de los caciques y señorío, y en las herencias, y otras
> muchas cosas muy semejantes los unos a los otros.
> E todos los árboles, y plantas, y frutas e hierbas en
> la Isla Española, todo lo mismo se halla en la de
> Boriquén o Isla de San Juan...[22]

que han sido plenamente confirmadas por la arqueología.

*Metodología.* Para presentar el vínculo entre
taínos y aborígenes de la zona amazónica del noroeste sudamericano a nivel del mundo de las creencias,[23] seguiremos el método comparativo en una

21  Las Casas: *Apologética historia...*, p. 416.
22  Fernández de Oviedo: *Historia general y natural de las Indias.*
Citado por Ricardo Alegría en *Nuestros taínos y los de la Española.*
23  Nos es útil el dato de Veloz Maggiolo en cuanto a la clasificación
de las literaturas orales taína y amazónicas bajo una misma categoría:
    "El areito antillano, básicamente, no difiere de los diversos
    tipos de areitos de los indios del área de la mandioca. En la ac-
    tualidad, diferentes tribus de la selva amazónica practican la
    danza con recitación como método memográfico. Este es un
    método de memorizar el pasado enalteciéndolo, y el sistema de
    rememoración es común, según Jan Vansina (1966-15), a mu-
    chos pueblos ágrafos. De acuerdo con la división de E. Berheim,
    citada por Vansina, este tipo de tradición oral tiene las expre-
    siones siguientes: relato, saga, anécdota, proverbio, y canto his-
    tórico, por lo que la tradición del areito puede ubicarse, siguien-
    do estas ideas, entre los medios mnemotécnicos que no hacen
    uso de objetos materiales, y entre el llamado 'canto histórico'."

(*Arqueología prehistórica de Santo Domingo*, p. 225).

triple perspectiva, que incluye la confrontación de
1) el mito insular con el mito continental (ver mapa
en que damos la localización de los grupos indígenas sudamericanos a cuyos mitos aludiremos de
una forma u otra), 2) el mito insular con la realidad
etnográfica continental, 3) la realidad etnográfica
insular (dada por la historia y la arqueología) con
la realidad etnográfica continental. En cada uno de
estos casos, el punto de partida es Pané. Cuando
nos referimos a la realidad etnográfica estamos pensando fundamentalmente en las prácticas de carácter religioso observadas por el fraile; no hay que
olvidar que su libro no se agota en la transcripción
de mitos. Esta ocupa desde la primera página hasta
la página 33 (Introducción, capítulos I-XIII), y luego desde la página 43 hasta la 48 (capítulos XX-
XXV), mientras que las observaciones de Pané
como etnógrafo aparecen desde la página 33 hasta
la 43 (capítulos XIV-XIX), y en la conclusión del
libro: páginas 48 a 56 (capítulos XXV-XXVI).

Entendemos que el estudio del mito aislado de su
contexto es estéril, que hay que confrontar los textos con los hallazgos de la historia, la arqueología,
la mitología comparada, la lingüística y la etnografía, para abordar la difícil tarea de reconstrucción
de una cultura ya perdida.

Cabe apuntar desde ahora lo que hemos ido vis-
lumbrando con alegría a través de esta investigación: que la utilidad de la comparación del mito
taíno con los mitos amazónicos trasciende nuestro
propósito inicial (cotejar la trayectoria geográfica
de un parentesco cultural). El método comparativo,

además de corroborar la autenticidad de lo recogido por Pané, nos va llevando poco a poco hacia algo que resulta a la larga más importante: el esclarecimiento y mejor comprensión del texto que marca nuestros orígenes como antillanos.

## 2. Mitos de creación

Cuando Pané comienza con la transcripción de los mitos taínos, aparece el ser humano sin proceso previo de creación:

> La Española tiene una provincia llamada Cao-nao, en la que está una montaña, que se llama Cauta, que tiene dos cuevas nombradas Cacibaja-gua una y Amayaúna la otra. De Cacibajagua salió la mayor parte de la gente que pobló la isla.[24]

Anteriormente, en la introducción, había dicho el fraile que los indios "Saben de qué parte *vinie-ron*"[25] (bastardilla mía). Podemos interpretar esto de dos modos: o hay una elusión voluntaria del proceso de creación, y se trata tan sólo de activar al hombre, que ya existe, o es la tierra la que crea a los hombres, que salen de cuevas (alusión metafórica al parto). En cualquiera de los casos, el hecho vincula a la mitología taína con la mitología sudameri-cana, tanto amazónica como andina. Si bien en Mesoamérica los casos de creación del hombre por

[24] *Pané: op. cit.*, p. 22.
[25] *Ibid.*, p. 21.

los dioses son notables (en el *Popol Vuh* hay cuatro creaciones: los hombres de lodo, los de madera, los de tzité y espadaña, y, finalmente, los de maíz; en una de las versiones del mito de Quetzalcóatl, éste crea al hombre de la ceniza de huesos fecundados por su sangre), parece ser un rasgo diferenciador de la mitología sudamericana la poca frecuencia de los mismos. Krickeberg dice que "leyendas de creación propiamente dichas, faltan por completo en Colombia y el Perú"[26], pero su afirmación —que por absoluta habría que matizarla, ya que un sólo ejemplo en contra la invalidaría— no podemos darla por buena para todo el continente. Se nos viene a la mente uno de los pocos mitos de creación que hemos encontrado en esta área:

Entonces Suhirina tomó una flecha de punta de bambú y la disparó a Periboriwä (Espíritu de la Luna) cuando él estaba directamente encima, hiriéndolo en el abdomen. La punta de la flecha apenas penetró la carne de Periboriwä, pero la herida sangró profusamente. La sangre se derramó en la tierra en la vecindad de una aldea llamada Hööteri, cerca de la montaña Maiyo. Al tocar la tierra, la sangre se transformó en hombres, a causa de lo cual surgió una gran población. Todos ellos eran varones; la sangre de Periboriwä no se transformó en mujeres. Casi todos los Yanomamö actuales descienden de la sangre de Periboriwä. Por tener su origen en la sangre, son fieros y se hacen la guerra continuamente. (Yanomamös, Venezuela).[27]

---

26  Krickeberg: *Mitos y leyendas de los aztecas, incas, mayas y muiscas*, p. 15.
27  Chagnon: *Yanomamö*, pp. 47-48.

De todas formas, parece un hecho la abundancia de mitos de "aparición" del hombre en vez de mitos de creación en gran parte de Sudamérica. He aquí algunos ejemplos, de la zona amazónica e incluso de la región de los chibchas:

Entre estas sierras y cumbres se hace una muy honda, de donde dicen los indios que a poco de cómo amaneció y fueron creadas las demás cosas, salió una mujer que llaman Bachue... (chibchas, Colombia; la cita es de Pedro Simón en *Noticias historiales*).[28]

El sitio geográfico que se señala como origen (de los primeros barasanas) es una montaña que se ve en el horizonte; se la llama Guta, palabra que utilizan para designar las montañas, las rocas y las piedras (barasanas, Colombia).[29]

Ningún mito de los desana parece referirse específicamente a la creación del hombre y el origen de la humanidad comienza con el relato de un grupo de gentes que se embarcan en Axpikon-ciá, en la gran Culebra-canoa guiada por el personaje mítico Pamurí-maxse. (desanas, Colombia).[30]

Entre los sálivas existía la creencia de que descendían del sol, de los árboles, de las frutas. Llamaban madre a la tierra. Gumilla da una versión análoga relativa a mapoyes y achaguas, quienes atribuían su origen a las rocas. Gumilla estuvo alrededor de 30 años en la misión del Orinoco y en efecto, dice: "Los otomacos aseguran que una de las pie-

28  Krickeberg: *op. cit.*, pp. 151-152.
29  Torres Laborde: *op. cit.*, p. 98.
30  Reichel-Dolmatoff: *Desana*, p. 40.

dras del picacho Barraguán es su primera abuela
y que otro picacho que sirve de remate a otro picacho, distante dos leguas, fue su primer abuelo, y
que cada una de las piedras de Barraguán son sus
antepasados. La nación mapoya llama a la piedra
en que remata y sirve de capitel al picacho Barraguán, Uruana, y dicen que tal piedra es la raíz de la
gente de su nación... Una de las parcialidades de
los sálivas afirma que son hijos de la tierra'' (sálivas, mapoyes, achaguas y otomacos).[31]

Nos parece significativo asimismo el hecho de
que en la recopilación de mitos aborígenes de Venezuela de Fray Cesáreo de Armellada, *Literaturas
indígenas venezolanas*, no aparezca un solo mito
de la creación del hombre, y el que en los dos primeros volúmenes de las *Mitológicas* de Lévi-Strauss
(labor ingente en lo que a colección de mitos se refiere) se puedan contar con los dedos dichos mitos. Pero veamos otros ejemplos, esta vez de la zona andina:

El hacedor empezó a hacer las gentes y naciones
que en esta tierra hay (...) Y acabado de pintar y hacer
las dichas naciones, y bultos de barro, dio ser y
ánima a cada uno por sí, así a los hombres como a
las mujeres, y les mandó que se sumiesen debajo de
la tierra, cada nación por sí; y que de allí cada nación fuese a salir de las partes y lugares que él les
mandase; y así dicen que los unos salieron de cuevas, los otros de cerros, y otros de fuentes, y otros de
lagunas y otros de pies de árboles... Y dicen que el

---

31  De Armas Chitty: *Guayana, su tierra y su historia*, I, pp. 13-14.

primero de aquel lugar (que) nació allí se volvió a
convertir en piedras, otros en halcones y cóndores
y otros animales y aves. (En *Fábulas y ritos de los
incas*, de Cristóbal de Molina).[32]

Curiosamente, en el pasaje que acabamos de ci-
tar, se mezclan las causas del origen del hombre:
creación y surgimiento de la tierra. La última oración de la cita ofrece un paralelo singular con lo
que narra Pané sobre lo que ocurrió a los primeros
hombres que salen de la cueva Cacibajagua: uno se
convierte en piedra, otro en jobo, otro en pájaro
mañanero.

Al hablar de la zona andina, la alusión a Garcilaso de la Vega Inca es obligada. En el Libro I de sus
*Comentarios reales*, Garcilaso hace un recuento de
las versiones que conoce sobre el origen de los incas,
y en ninguna se alude a creación. Primera versión:
los hombres ya existen, pero viven como animales.
Entonces el Sol les manda un hijo y una hija para
que los civilice. Segunda versión: tras un diluvio,
aparece un hombre en Tiahuanaco y reparte el
mundo en cuatro partes que da a cuatro hombres
que llama reyes. Tercera: al principio del mundo
salieron "por unas ventanas de unas peñas que
están cerca de la ciudad, en un puesto que llaman
Paucartampu, cuatro hombres y cuatro mujeres,
todos hermanos..."[33]

Reichel-Dolmatoff explica la ausencia de mitos

32  Arrom: *Mitología y artes prehispánicas de las Antillas*, pp.
144-145.
33  De la Vega Inca, Garcilaso: *Comentarios reales*, I, p. 58.

de creación del hombre en el grupo desana diciendo
que el acto sexual es visto como un gran peligro
contra el equilibrio ecológico, ya que se trata de un
grupo sedentario que se aferra a la caza, y cualquier
exceso de población, por mínimo que sea, le resulta
catastrófico. No creemos que éste sea el caso de los
taínos, ya que por un lado, la mitología recogida
por Pané no elude lo sexual (más bien lo destaca),
y por otro, hemos visto que es un denominador
común de la mitología sudamericana la poca frecuencia de mitos de creación tradicionales.

Decimos "tradicionales" refiriéndonos a la creación del hombre por obra de los dioses. Pero hay
otros modos de creación que sí recoge el texto de
Pané, además del origen terrícola o surgimiento de
cuevas. Tenemos la creación por esputo, cuando
Bayamanaco tira un *guanguayo* lleno de cohoba a
Deminán Caracaracol y a éste se le hincha la espalda, de la cual sale la tortuga hembra. Torres Laborde recoge un mito parecido entre los barasana:

> Rimáhinó se fue a bañar al puerto. En la mano
> llevaba una macana (Hotaháy). Después vino y
> escupía al pie de cada candela. Lo que escupió se
> convirtió en gente.[34]

El que la mujer salga del hombre, en el caso taíno, de la espalda de Deminán, es un motivo mítico
muy antiguo, que podemos encontrar en la Biblia.
Sin pretender que sea exclusivo de los taínos y los

34  Torres Laborde: *op. cit.*, p. 42.

aborígenes amazónicos, debemos señalar que los yanomamö inciden en el mismo:

> Xapokoromi, sumamente enojado, se hizo un corte en la pantorrilla de una pierna. La pantorrilla se hinchó enormemente y de la herida saltó afuera la primera mujer, que por ser hija suya, se llamó Xapokoriyoma. Después de ésta, nacieron otras dos mujeres.[35]

Pero detengámonos en la tortuga, que es lo que sale de la espalda de Deminán. Arrom presenta, en su citado libro sobre mitología aborigen antillana, una fotografía (p. 140) de un vaso efigie dominicano, con la figura de un hombre encorvado por una joroba en la espalda: se trata de una tortuga pegada a la misma. Este caso, en el que el artefacto arqueológico parece corroborar el mito, nos recuerda el paradigma mítico de la mujer-grapa, que según Lévi-Strauss cubre las dos Américas:

> La mujer grapa se adhiere físicamente, y de la manera más abyecta, a la espalda de su portador, que es su marido o que en él quiere convertirlo.[36]

La última afirmación de esta cita: "...que es su marido o que en él quiere convertirlo" iluminaría el mito de Pané, en el sentido de que la tortuga hembra que sale de la espalda de Deminán es la segunda respuesta que da el mito a la falta de mujeres, y en este caso, después del diluvio, se necesita

35  Armellada: *Literaturas indígenas venezolanas*, p. 206.
36  Lévi-Strauss: *Mitológicas*, III, p. 52.

52

a la mujer para crear una nueva generación. Dicha
generación surge (y aparece implícito en el texto)
de la unión de la tortuga hembra con Deminán y
sus hermanos. Pero veamos la asociación del mito
de la mujer-grapa a la tortuga:

> Sabemos que el motivo de la mujer-grapa puede
> invertirse de dos maneras: como cabeza que rueda
> persiguiendo a sus víctimas hasta el agua salva-
> dora por una parte, y, por otra, como *tortuga* zam-
> bullidora que arrastra a sus víctimas al fondo de
> un agua donde perecen ahogadas.[37]

La asociación de la tortuga a la mujer la encontramos en los desana:

> La tortuga, como animal uterino, simboliza
> este aspecto del "origen de todas las cosas".[38]

> Se enfatiza su mordida fuerte y su actitud de no
> soltar lo que agarró... (De nuevo, asociación con
> la mujer-grapa).[39]

y en los wai wai:

> Entre los waiwai, tribu de la familia lingüística
> caribe, la madre primordial o núcleo generativo
> fue, precisamente, una tortuga.[40]

Roth señala que la tortuga macho es mucho menos numerosa que la hembra: este hecho, unido a

---

37  *Ibid.*, p. 406. Bastardilla nuestra.
38  Reichel-Dolmatoff: *op. cit.*, p. 228.
39  *Ibid.*, p. 76.
40  Arrom: *op. cit.*, p. 142.

la forma de la tortuga y a su longevidad (vida), puede que esté en la base de la asociación uterina que tiene este animal en la mitología americana.

Hay todavía otro mito de creación en la relación de Pané. Nos referimos a la creación de las mujeres en los capítulos VII y VIII. Por la notable frecuencia de este motivo en la zona amazónica, de lo que daremos abundantes ejemplos, lo transcribimos completo como punto de referencia:

Dicen que un día fueron a lavarse los hombres, y estando en el agua, llovía mucho, y que estaban muy deseosos de tener mujeres; y que muchas veces, cuando llovía, habían ido a buscar las huellas de sus mujeres; mas no pudieron encontrar alguna nueva de ellas. Pero aquel día, lavándose, dicen que vieron caer de algunos árboles, bajándose por entre las ramas, una cierta forma de personas, que no eran hombres ni mujeres, ni tenían sexo de varón ni de hembra, las cuales fueron a cogerlas; pero huyeron como si fuesen anguilas. Por lo cual llamaron a dos o tres hombres por mandato de su cacique, puesto que ellos no podían cogerlas, para que viesen cuántas eran, y buscasen para cada una un hombre que fuese caracaracol, porque tenían las manos ásperas, y que así estrechamente las sujetasen. Dijeron al cacique que eran cuatro; y así llevaron cuatro hombres, que eran caracaracoles. El cual caracaracol es una enfermedad como sarna, que hace al cuerpo muy áspero. Después que las hubieron cogido, tuvieron consejo sobre cómo podían hacer para que fueran mujeres, puesto que no tenían sexo de varón ni de hembra.

Buscaron un pájaro que se llama inriri, antiguamente llamado inriri cahubabayael, el cual agujerea los árboles, y en nuestra lengua llámase pico.

E igualmente tomaron a aquellas mujeres sin sexo
de varón ni de hembra, y les ataron los pies y las
manos y trajeron el pájaro mencionado, y se lo
ataron al cuerpo. Y éste, creyendo que eran maderos, comenzó la obra que acostumbra, picando y
agujereando en el lugar donde ordinariamente
suele estar el sexo de las mujeres. Y de este modo
dicen los indios que tuvieron mujeres, según cuentan los más viejos.[41]

Este mito encuentra un verdadero filón de variantes —núcleo al que Lévi-Strauss da el nombre genérico de "La prometida de madera"— en el área
amazónica. En todos los casos la mujer creada en
un momento de necesidad ha quedado incompleta,
y es un pájaro, casi siempre el carpintero, el que
le abre el sexo, completando así la labor de la creación. Veamos algunos ejemplos:

Nahabokoni (lit., el comelón) era un viejo, que
por no haber tenido una hija, empezaba a preocu-
parse por sus postrimerías, ya que, contrario a los
que lo rodeaban, no tenía un yerno que se ocupara
de él. Por lo tanto, se talló una hija de la madera de
un ciruelo, y como era un curandero, cortó y talló
la madera tan bien que cuando hubo terminado ya
tenía ante sí una mujer muy hermosa. Su nombre
era Usi-ciu (lit., árbol de semillas) y sus encantos
físicos eran casi (no del todo, como ya veremos)
perfectos. (...) Su marido la encontró defectuosa.
Volvieron a cazar al día siguiente; tuvieron una
conversación en la tarde otra vez, y de la misma
resultó que todavía no se había remediado el defecto que causaba las quejas. El apenado padre le ase-

41 Pané: *op. cit.*, pp. 26-28.

guró a su hija que ya no estaba en sus manos hacerla aceptable a su yerno. Cuando éste oyó esto, consultó al pájaro bü-nia (Opistho comus), y lo trajo consigo a la casa al día siguiente. Mientras la muchacha le daba comida y lo cuidaba en su falda, el malvado pájaro se aprovechó de su inocencia, y luego voló. Cuando el padre supo de este hecho insólito, decidió darle a su hija otra oportunidad, cuyo resultado fue que le pudo sacar una serpiente exparte questa personna eius. El defecto había desaparecido y la muchacha volvió a reunirse con su esposo. A la tarde siguiente, el padre y la hija conversaron privadamente. ¡Feliz muchacha! Su marido estaba al fin satisfecho con ella, y ya no tenía queja alguna. (guarao)[42]

El Sol, viendo que sus estanques de peces eran asaltados con frecuencia, envió a Yamuru, el lagarto, a vigilarlos. Yamuru, no tuvo el cuidado necesario y los robos continuaron, por lo cual se nombró como vigilante al Caimán. Caimán, el ladrón, continuó con su viejo oficio mientras duraba su empleo como guardián, hasta que al fin el Sol lo descubrió y lo llenó de tajos con un machete. Cada herida formó una escama. Caimán rogó por su vida, y para ablandar al Sol le ofreció en matrimonio a su hermosa hija. Pero como no tenía hija, esculpió una mujer de la madera de un ciruelo silvestre. Entonces la expuso a la influencia del Sol, y, temiendo que éste descubriera el fraude, se escondió en el agua, mirando de reojo al sol; hábito que todavía conserva hoy Caimán. La mujer no estaba completamente formada, pero un pájaro carpintero, buscando comida, picoteó su cuerpo atque genitalia preparavit... (macusi) [43]

42  Roth: *op. cit.*, pp. 130-131.
43  *Ibid.*, p. 135.

Kuwai, el héroe cultural, esculpió una mujer en el tronco de un árbol /wahokakü/, y el pájaro Konéko le abrió la vagina... (cúbeo) [44]

Wilbert da una breve versión de este mito (aquí Lévi-Strauss se refiere al mito guarao sobre Nahakoboni), reducida al episodio de la mujer esculpida, hija de Nahakoboni, cuyo himen se empeñan en romper varios pájaros sucesivamente. Algunos fracasan por la dureza de la madera; la tentativa les deja el pico torcido o roto. Otro lo consigue y la sangre de la muchacha llena una marmita, donde acuden varias especies de aves a pringarse de sangre, primero roja, blanca después, luego negra. Así adquieren sus plumajes distintivos. (guarao)[45]

...Imanaidarotu, Señor de la Noche, dijo a Jokojiarotu, Señor del Sol:

—Cuñado, ya estoy fastidiado de tanta oscuridad. Te daré una mujer si logras que sea día.

Aceptado el contrato, Jokojiarotu tiró de la cuerda y apareció el sol.

Mas al cumplirse las seis horas, volvió a tirar de la cuerda y volvió a ser de noche.

—Cuñado —dijo al Dueño del Sol el Señor de la Noche—, seis horas no son sino medio día. Te daré otra mujer para que vuelva a salir el sol por otras seis horas. De ese modo tendremos doce horas de sol, que dan el día completo.

Jokojiarotu aceptó la propuesta, pero Imanaidarotu no tenía otra mujer para cumplir su compromiso.

44  Lévi-Strauss: *Mitológicas*, II, p. 185.
45  *Ibid.*, p. 180.

—¿Qué hacer?— se dijo Imanaidarotu.

Después de pensarlo, cogió su machete y del tronco de un jobo talló el cuerpo de una mujer, que resultó sumamente hermosa y que por haber sido hecha de jobo (usiru) denominó USIRUMANI.

Era tan bonita, que al verla Jokojiarotu quedó enamorado. Pero no pudo casarse con ella porque era una mujer de palo.

—¿Cómo haré?— se dijo —para poder tenerla por mujer mía...

—Mono sabio, haz que este palo sea mujer para casarme con ella.

Pero el mono sabio no pudo hacerlo. ¡Era poco brujo...! Llamó entonces al jefe o pájaro carpintero:

—Picocarpintero, haz que esta mujer de palo sea mujer de verdad para que pueda casarme con ella.

El picocarpintero comenzó a dar picotazos en el palo y al llegar a cierto sitio, brotó repentinamente un chorro de sangre.

Con ella se tiñó la cabeza el picocarpintero. Este llamó a la cidra (simoku). La cual se tiñó de pies a cabeza. Por eso es colorada.

Llegó el guacamayo y se tiñó el pecho. Pero la sangre aquella tenía la particularidad de cambiar de color: de suerte que los pájaros se teñían del color de su mayor agrado.

Al quedarse blanca como leche, vinieron las garzas y se tiñeron de blanco. Llegaron otras aves y se pintaron también de blanco como las garzas. Mas cuando la sangre se cuajó y se pudrió, llegó el zamuro y se revolcó en ella, quedando desde entonces pintado de negro.

Jokojiarotu, el Dueño del Sol, se casó con Usirumani, La Mujer de Jobo, y desde entonces hubo siempre día y noche hasta nuestros días...

Y también desde aquella fecha cada clase de

pájaro ha tenido su color. (Barral: *Guarao Guarata*, 1960) [46]
En estos mitos el paralelo con el mito taíno es sorprendente (incluso es curioso como en este último ejemplo, la mujer es hecha de *jobo*, lo que parece confirmar la importancia mágica de este árbol en toda esta zona —Caribe y noroeste continental. Recordemos que en el texto de Pané los que violan el tabú del sol saliendo de las cuevas son convertidos en *jobo*, piedra y pájaro mañanero). Podemos aludir todavía a otros, que aunque no contienen la historia completa de la creación de la mujer por el pájaro carpintero, de alguna manera inciden en ella:

> En la mitología tacana otro pájaro —el carpintero— que sabemos amo de la miel, tamborilea con el pico en la olla de barro de una mujer para guiar al marido extraviado (...) En M $_{194-195}$ incumbe el mismo papel conjuntador al carpintero, ya sea que conduzca a un marido hacia su mujer o que ayude a los hermanos divinos a retornar al mundo sobrenatural.[47]

Este papel conjuntador del pájaro carpintero, recogido en los mitos tacana a los que se refiere Lévi-Strauss en la cita anterior, es el mismo que tiene dicha ave en el mito de Pané, ya que abriéndole el sexo a las mujeres lo que hace es prepararlas para los hombres que las esperan y cuya necesidad impulsó su creación. Menos importante es la pre-

46   Armellada: *op. cit.*, pp. 83-84.
47   Lévi-Strauss: *Mitológicas*, II, p. 311.

sencia del pájaro carpintero en los mitos matako y
desana, pero vale la pena hacerla constar: en un
mito matako de la chica loca por la miel, recogido
por Lévi-Strauss, el marido es el pájaro carpintero; en la mitología desana este pájaro es símbolo
del pene.

Para iluminar el sentido de este mito en la sociedad taína, y a la vez vincularlo con la mitología
amazónica, tenemos que acudir a los trabajos etno-
gráficos de Roth sobre los indios guayaneses. A
priori, y partiendo de nociones básicas sobre el funcionamiento del pensar mítico, la historia de la
creación de las mujeres por el pájaro carpintero
parece metaforizar un rito de iniciación sexual que
puede darse, o al llegar la muchacha a la pubertad,
o al prepararse para el matrimonio. Probablemente
algo parecido a lo que Lévi-Strauss describe para
los tacana:

> Las tribus del grupo tacana practicaban una inicia-
> ción doble de los muchachos y las muchachas, con
> ritos de mutilación corporal concebidos, tal pa-
> rece, para afirmar una equivalencia de los sexos
> a pesar de su aparente diversidad. El mismo cuchi-
> llo de bambú servía para cortar el frenillo del pene
> de los muchachos, y hender el himen de las chicas.
> (Métraux, 13, p. 446).[48]

Roth nos da un dato interesantísimo que corrobora la importancia del mito que nos ocupa a nivel
de comportamiento social. Se trata nada menos que
de una práctica arahuaca, y la clave está en la alusión al pájaro carpintero:

[48]  *Ibid.*, p. 285.

Cuando el joven iba a donde su futuro suegro a pedirle a su hija, el viejo consultaba con su mujer y con su hija, y si todo estaba en orden decía que sí, pero no se le entregaba hasta que él hubiera hecho ciertas cosas, de las cuales *la primera y más importante era disparar al nido de un pájaro carpintero.*[49]

Que el mito comprende un rito de iniciación dual, y no exclusivo para las muchachas, se desprende de las alusiones al lavatorio de los varones: ("Dicen que un día fueron a *lavarse* los hombres...") como requisito previo a su acceso a las mujeres ("...y que estaban muy deseosos de tener mujeres"), las cuales se someterán, a su vez, a la iniciación del pájaro carpintero, cuyo papel es posible que lo haya desempeñado un anciano en sus funciones de chamán. Todavía los bororo mantienen esta práctica del baño ritual con el significado que hemos señalado:

Los novicios daban saltos rituales por encima de un fuego, y la ceremonia del retorno terminaba con un baño general en el río (Colb. 3, pp. 239-240). Las madres acogían a sus hijos "llorando amargamente y lanzando gritos y lamentaciones como al morir un ser querido. Lloraban porque desde aquel momento el muchacho emancipado se desprendía de la sociedad de las mujeres y entraba en la de los hombres. Desde aquel momento, además, el joven llevará hasta el fin de su vida el ba, estuche peniano..."[50]

---

49  Roth: *op. cit.*, p. 315. Bastardilla nuestra.
50  Lévi-Strauss: *Mitológicas*, I, p. 49.

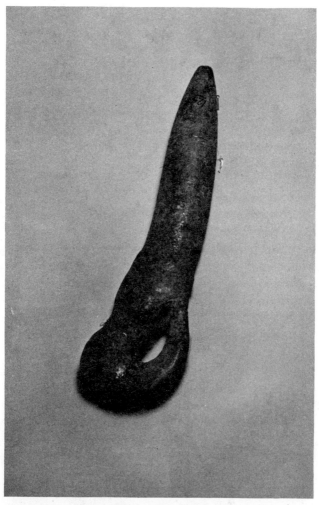

*Artefacto de uso desconocido en piedra (etapa taína). Por su cabeza de ave de pico y su forma intuimos su posible empleo como desflorador ritual. Cortesía del Museo de la Universidad de Puerto Rico. Fotografía: Bolívar Aparicio.*

Sólo después de la imposición del ba tiene el
joven derecho a casarse...[51]

Puede que el mito de Pané —que obviamente
incide en la reglamentación de las relaciones entre
los sexos— también encierre una alusión a la exogamia: los hombres tienen que inventarse mujeres,
crearlas, pues las propias (robadas por Guahayona)
no les son asequibles.

## 3. El mito de las Amazonas

En la misma línea de los mitos que aluden a prácticas de orden sexual podríamos situar el mito de las
mujeres sin hombres o "Amazonas", como las bau-
tizara Oviedo. En el texto de Pané este mito de la
separación de las mujeres está contenido en los
capítulos III a V. Lo resumimos: Guahayona, el
héroe cultural (primero en salir de la cueva Cacibajagua sin que el sol lo convierta en piedra, en árbol
o en ave), decide llevarse a las mujeres de su grupo,
e incluso a las de su cacique. Efectúa el robo y deja
a las mujeres en la isla de Matininó, "de donde se
dice que hoy día no hay más que mujeres" (Pané).
De este acto adúltero e incestuoso (Guahayona con-
traerá, como castigo, una enfermedad de la piel)
resulta la primera carencia de mujeres, que da pie
a la creación de las mismas por el pájaro carpintero,
en el mito al que acabamos de referirnos. El mito de

51 *Ibid.* p. 51. Citado de la *Enciclopedia Bororo* de Albisetti y Ven-
turelli.

las Amazonas, que contiene los fundamentos de la reglamentación sexual (castigo del incesto y la endogamia) y social (el tabú del incesto funda la sociedad a través de la exogamia) para los taínos, puede muy bien aludir también al aislamiento de las muchachas al llegar a la pubertad. O quizá, a algo tan natural como es el hecho de que las niñas, antes de la pubertad, no tienen hombre: están separadas de los mismos en cuanto a actividad sexual se refiere. La riqueza interpretativa del mito da cabida a otra posibilidad, señalada por Jalil Sued en su estudio —aún inédito— sobre *Caribes y Amazonas: dos vertientes de un mismo mito*: el rapto de mujeres, que como el mismo Sued ha señalado en otro trabajo, "es el precursor lejano de la costumbre entre los pueblos menos desarrollados de acaparar destrezas y especializaciones de la mujer ajena para beneficio de sus respectivos pueblos"[52], también puede ser un paso en el ascenso de Guahayona hacia el poder político. El contexto (o trayectoria de Guahayona) para esta última interpretación sería la siguiente: 1) Guahayona toma las prerrogativas de Macocaél cuando éste se convierte en piedra: reglamentar las salidas de la cueva y las actividades fuera de ésta, 2) es el primero en violar el tabú del sol al salir de la cueva sin consecuencias, 3) rapta a las mujeres del grupo, 4) engaña y mata a su cacique, 5) rapta a las mujeres de su cacique, 6) vence la enfermedad contraída como castigo al incesto (veremos más adelante las asociaciones de dicha

---

52  Sued: *La mujer indígena y su sociedad*, p. 11.

curación a la inmortalidad), 7) adquiere nuevo nombre al superar la enfermedad (el nombre es símbolo de status en las sociedades indígenas), 8) Guabonito lo inviste con los símbolos del poder político, las cibas y los guanines.

Veamos ahora la difusión del mito. La primera referencia al mismo la encontramos en el *Diario* de Colón (primer viaje, 13 de enero de 1492):

> De la isla de Matininó dijo aquel indio que era toda poblada de mujeres sin hombres, y que en ella hay mucho tuob, que es oro o alambre, y que es más al Leste de Carib. También dijo de la isla de Goanin, donde hay mucho tuob. De estas islas dice el Almirante que por muchas personas hace días había noticias.[53]

Las afirmaciones de Colón (en el resumen que de su *Diario* nos da el padre Las Casas) dan testimonio de la autenticidad del texto de Pané, por una parte, y por otra, de la vigencia e importancia del mito de las Amazonas entre los aborígenes antillanos. En el pasaje citado se hace referencia también a la isla de Guanín, significativa en la mitología que recoge Pané.

En la *Historia general y natural de las Indias* de Oviedo las alusiones al mito de las Amazonas ilustran la amplia difusión del mismo:

> En el mismo tiempo supo el general, por información de indios, que cuando había entrado en aquel Nuevo Reino, había dejado atrás, hacia la

---

53 Colón: *Los cuatro viajes del Almirante y su testamento*, p. 127.

mano derecha, una provincia, que cae sobre el río
Grande de Santa Marta, de mujeres amazonas, que
dice que se gobiernan por una mujer señora de
aquella tierra. Así, los cristianos las comenzaron
a llamar amazonas, sin lo ser... (Nuevo Reino de
Granada o nuevo Bogotá) [54]

Aquellos indios que tan puntualmente hicieron
relación de la grande riqueza que se ha dicho de
suso, decían, asimesmo (e aun los españoles antes
deso traían la mesma nueva), que sobre la mano
izquierda de la dicha sierra, donde se juntan dos
ríos, hay una nación de amazonas o mujeres que
no tienen maridos, y que en cierto tiempo del año
van a ellas otra nación de hombres, e tienen con
ellas comunicación, e se tornan después a su tierra:
las cuales mujeres tienen mucho oro e plata, pero
que lo habían de la gente llamada chogues. (Gobernación del Golfo de Venezuela) [55]

En aquellas provincias hallaron los cristianos,
en muchas partes, pueblos donde las mujeres eran
reinas o cacicas e señoras absolutas, e mandan e
gobiernan, e no sus maridos, aunque los tengan;
y en especial una, llamada Orocomay, que la obe-
desían más de treinta leguas en torno de su pueblo,
la cual fue muy amiga de los cristianos. (Governa-
ción de la provincia de Paria) [56]

Pero después, en España hallé a Nuño de Guz-
mán en la corte de su Majestad, año de mill e qui-
nientos e cuarenta y siete; e quíseme de él informar
destas mujeres, y me dijo que es muy grand mentira

54  Fernández de Oviedo: *op. cit.*, III, pp. 122-123.
55  *Ibid.*, pp. 42-43.
56  *Ibid.*, II, p. 419.

decir que son amazonas ni que viven sin hombres,
porque él estuvo allí, como es dicho, e que a la
vuelta las halló con sus maridos. (Gobernación de
la Nueva Galicia o Jalisco) [57]

Según se desprende de la *Historia* de Oviedo la
incidencia del mito es más frecuente en la zona
amazónica, pero sin embargo llega hasta México.
Curiosamente, la primera tierra de México descu-
bierta por los españoles (1517)[58] fue la Isla de las
Mujeres, en el mar Caribe. Sería cosa de investigar
si este nombre se lo dieron los españoles, y por qué,
o si simplemente lo recogieron de la tradición indígena del lugar. Dos datos iluminan el posible
origen del hombre, tanto en su antigüedad como
en su sentido. Bernal Díaz menciona la Isla de las
Mujeres en su *Historia verdadera de la conquista
de la Nueva España* (s. 16), pero Mártir de Anglería
(1520) va más allá y ofrece una explicación etnográfica que parece desplazar a la versión mítica:

Hay otras islas situadas a los lados de Coluacan,
en las cuales habitan mujeres solas sin trato de
hombres. Algunos piensan que viven según la costumbre amazónica, los que consideran más pru-
dentemente el asunto juzgan que son vírgenes
cenobitas, felices en su retiro, como existen en
España y en muchos lugares como entre los antiguos: las vestales o consagradas a la buena diosa.

57  *Ibid.*, IV, pp. 283-284.
58  Está sobre el tapete, a partir de una nueva lectura de un códice
maya, hecha por Michael Closs, la posible corroboración de la tesis de
Aurelio Tió de que fue Ponce de León, y en 1513, el que descubrió
México.

En ciertas épocas del año los hombres se acercan a ellas no por motivo de coito, sino movidos por la piedad para arreglarles sus campos y huertas para que con el cultivo puedan vivir. Aunque está de boga que hay otras islas, morada de mujeres, pero corrompidas, porque desde niñas cortan sus pechos para poderse ejercitar en el arte de asestar las flechas y a ellas acuden hombres para el coito y no las retienen. Creo que es una fábula.[59]

Pero volvamos al noroeste continental, esta vez con Roth:

...Otra vez se pusieron en marcha, y después de un tiempo llegaron a un embarcadero donde podía verse la casa de un indio. El viejo dirigió a su tripulación indígena por el camino, y pronto llegaron a la casa, donde pidieron alojamiento para esa noche. Una anciana salió a recibirlos y dijo así: "En esta población somos todas mujeres". Esto era cierto. Había algunas casas en la aldea, pero todas llenas de mujeres —no se veía niño ni hombre por sitio alguno. "Todos los que pasan por aquí tienen que permanecer con nosotras por lo menos por un año antes de que les permitamos continuar su camino. Haremos lo posible por hacerles feliz la estadía. Tanto usted, anciano, como cada uno de sus compañeros debe tomar dos o tres de nuestras mujeres como esposas. Al terminar el año, los que hayan engendrado niñas están libres para seguir su camino, pero los que sólo tengan hijos varones deben quedarse un año más hasta que engendren una niña. Ya saben lo que se espera de ustedes". La tripulación, reconociendo que no había más

59   Mártir de Anglería: *Epítome de Pedro Mártir de las islas recientemente descubiertas...*, p. 67.

remedio, decidió quedarse. La anciana resultó ser una mujer muy astuta. Después de atar una maraca a cada hamaca, se mantuvo despierta toda la noche. Si oía a la maraca sonar con frecuencia, sabían que todo marchaba bien. Pero cuando la maraca permanecía silenciosa, la vieja se dirigía a la hamaca particular (atque commonuit marem ut negligeret officium suum). Lo único que tenían los hombres que hacer era dar buenos motivos a las maracas para que sonaran.

Por la mañana las mujeres iban de caza con sus arcos y flechas, y a veces a pescar, de manera que el orden natural de las cosas estaba invertido, ya que los hombres permanecían descansando en sus hamacas. Por supuesto, pasaron muchos años antes de que la tripulación abandonara el poblado.

(Del mito arahuaco: *La búsqueda del hacha de piedra*)[60]

...Pero en aquellos tiempos no teníamos esta planta (tabaco) aquí: crecía allá lejos en una isla allende el mar. No sé si esa isla era Trinidad o no, pero los guaraos la llamamos Nibo-yuni (lit. Sin hombres) porque la habitan mujeres solas, según nos cuentan nuestros ancianos. (Del mito guarao: *El colibrí que trajo el tabaco al primer payé*) [61]

Río arriba por el Cunuris, en la parte norte del Amazonas, hacia el este de la isla Tupinambu, viven los apotos (¿apautos?), los tagaris (¿taguaus?), y finalmente los guácaras, que son la gente que tiene el privilegio de comunicarse con estas valientes mujeres, así como de gozar de sus favores. Viven en unas montañas muy altas: la que se encumbra sobre las demás se llama Yacamiaba. Estas

60 Roth: *op. cit.*, p. 222.
61 *Ibid.*, pp. 334-335.

mujeres, como ya se ha dicho, son muy valerosas
y permanecen solas sin la ayuda de los hombres; y
cuando sus vecinos las visitan durante un período
de tiempo concertado por ellas, los reciben con
armas en sus manos: arcos y flechas que manipulan
como si fueran a atacar a sus enemigos; pero cono-
ciendo como conocen que los otros no vienen en
son de guerra, sino que son sus amigos, ponen sus
armas en el suelo y corren hacia las canoas de estos
indios, y cada amazona lleva consigo una hamaca
(cama colgante de algodón en la que acostumbran
dormir), la que encuentra más cerca; la lleva a su
casa y la cuelga en un lugar donde le sea fácil a su
dueño reconocerla cuando venga; después de lo
cual lo recibe como su huésped y lo regala por los
pocos días en que permanecen juntos. Luego estos
indios regresan a sus propias casas, pero nunca
faltan a la cita anual en las fechas concertadas. Las
niñas que engendraron las crían las madres. En
cuanto a los varoncitos, no se sabe con certeza qué
cosa hacen con ellos. (De Cristóbal de Acuña: *Relation of the Great River of Amazons in South America*, 1968) [62]

De acuerdo a las declaraciones de Mahanarwa,
el último cacique de los caribes, ellas (las amazonas) viven cerca del río Wara, en un lugar resguar-
dado por las montañas, y al que sólo conduce un
camino: también menciona la tribu que las amazonas visitan anualmente —se trata de los teyros o
tairas de Cayenne... Entre los macusis y los arahuacos, encontramos muy difundida la historia de las
amazonas... cada tribu, sin embargo, da una ubicación diferente al lugar de procedencia de estas
mujeres... Un cacique arahuaco me dijo que su her-

62  *Ibid.*, p. 364.

mano, que vivía cerca del río Mazaruni, las había visitado en una ocasión, y que había recibido de estas Wirisamoca (como él las llama) una de esas piedras verdes como regalo. (Tomado de Schomburgk) [63]

Por el otro lado, los hombres separan su pelo y lo peinan cuidadosamente, atándolo por detrás. Los jóvenes llevan melena larga y esto, unido al peine que llevan en la cabeza, les da una apariencia muy afeminada: completan el cuadro los numerosos collares y brazaletes de cuentas que usan y la cuidadosa eliminación del primer anuncio de barba. Tomando estas circunstancias en consideración, creo que la historia de las amazonas ha surgido del encuentro de los primeros viajeros con estos guerreros de apariencia afeminada... (De A.R. Wallace: *A Narrative of Travels on the Amazon and Rio Negro*, 1889. El texto citado se refiere a los indios de la zona del Vaupés) [64]

Para terminar con el mito de las Amazonas queremos retomar la idea que apuntáramos sobre el rapto de mujeres como hecho real y acostumbrado en algunas comunidades indígenas, y que bien puede ser una de las bases etnográficas para este aspecto de la historia de Guahayona. Esta práctica aparece consignada en un mito guajiro sobre el diluvio:

La causa primordial de las riñas entre ellos eran, precisamente, las mujeres; unos venían y raptaban

63  *Ibid.*, p. 365.
64  *Ibid.*

las mujeres de los otros, quienes a su vez raptaban a las de los primeros, viviéndose así en una constante zozobra [65]

y es operante aún entre los Yanomamö de Venezuela ("los mismo Yanomamö admiten que la causa principal de sus guerras es la disputa por las mujeres"[66]), pueblo en el que se da un fenómeno curioso: practican el infanticidio femenino, con la consiguiente escasez de mujeres, tan necesarias para el trabajo y la vida sexual. Entonces se hacen la guerra para conseguirlas.

## 4. El mito del diluvio

En los capítulos IX y X, narra Pané lo siguiente:

*Cómo dicen que fue hecho el mar*

Hubo un hombre llamado Yaya, del que no saben el nombre: y su hijo se llamaba Yayael, que quiere decir hijo de Yaya. El cual Yayael, queriendo matar a su padre, éste lo desterró, y así estuvo desterrado cuatro meses; y después su padre lo mató, y puso los huesos en una calabaza, y la colgó del techo de la casa donde estuvo colgada algún tiempo. Sucedió que un día, con deseos de ver a su hijo, Yaya dijo a su mujer: "Quiero ver a nuestro hijo Yayael". Y ella se alegró, y bajando la calabaza, la volcó para ver los huesos de su hijo. De la cual salieron muchos peces grandes y chicos. De donde,

65  Armellada: *op. cit.*, p. 177.
66  Chagnon: *op. cit.*, p. 123.

viendo que aquellos huesos se habían transformado en peces, resolvieron comerlos.

Dicen, pues, que un día, habiendo ido Yaya a sus conucos, que quiere decir posesiones, que eran de su herencia, llegaron cuatro hijos de una mujer, que se llamaba Itiba Cahubaba, todos de un vientre y gemelos; la cual mujer, habiendo muerto de parto, la abrieron y sacaron fuera los cuatro dichos hijos, y el primero que sacaron era caracaracol, que quiere decir sarnoso, el cual caracaracol tuvo por nombre (Deminán); los otros no tenían nombre.

*Cómo los cuatro hijos gemelos de Itiba Cahubaba, que murió de parto fueron juntos a coger la calabaza de Yaya, donde estaba su hijo Yayael, que se había transformado en peces, y ninguno se atrevió a cogerla, excepto Deminán Caracaracol, que la descolgó, y todos se hartaron de peces.*

Y mientras comían, sintieron que venía Yaya de sus posesiones, y queriendo en aquel apuro colgar la calabaza, no la colgaron bien, de modo que cayó en tierra y se rompió. Dicen que fue tanta el agua que salió de aquella calabaza, que llenó toda la tierra, y con ella salieron muchos peces; y de aquí dicen que haya tenido origen el mar[67]

Esta historia tiene asociaciones riquísimas en la mitología americana. Lévi-Strauss recoge las siguientes, que cubren desde la zona andina hasta el México antiguo, y vinculan la calabaza al diluvio:

67   Pané: *op. cit.*, pp. 28-30.

Por lo que decían los primeros misioneros, los peruanos creían (M$_{339}$) que el demonio, para seducir y capturar a los hombres, utilizaba calabazas que hacía danzar sobre el agua y zambullirse, alternativamente. El desdichado que quería coger una —bien codicioso había de ser—, era llevado lejos de la orilla y acababa por ahogarse (Agustinos, p. 15). Es notable que esta concepción extravagante, que parece reflejo de una alucinación o de un fantasma, reaparezca en el México antiguo. En el libro XI de su *Historia general*, que se trata de las "cosas terrestres" o sea de la zoología, de la botánica y de la mineralogía, Sahagún describe (M$_{340}$), con el nombre de /xicalcóatl/, una serpiente de agua provista de un apéndice dorsal en forma de calabaza ricamente adornada, que le sirve para atraer a los hombres. El animal deja que sólo sumerja la calabaza decorada, "que anda nadando". Pero, ¡pobre del imprudente que empujado por una ávida concupiscencia, crea que el destino lo invita a apropiarse de la bella calabaza que le ponen delante! Apenas se meta en el agua, escapará el objeto de su deseo, y siguiéndolo a los abismos, perecerá, y el agua se le arremolinará encima... (Sahagún, vol. I, pp. 209-210). Entre México y Perú el motivo aparece esporádicamente. Un mito tumupasa (M$_{341}$) cuenta que un muchacho sordomudo, injustamente golpeado por su padre, partió al río llevando una calabaza colgada a la espalda, para sacar agua. Pero por mucho que se zambulló, la calabaza lo hizo flotar. Entonces se la quitó, se fue al fondo, y se metamorfoseó en serpiente (Nordenskjold 3, p. 291). Un mito uitoto (M$_{342}$) evoca un conflicto entre los Espíritus de las calabazas y la primera humanidad. Esta pereció en un diluvio del que nadie escapó, ni siquiera dos pescadores que se llevó la corriente cuando trataban de coger un jarrito de barro que se les iba. Según otro mito

74

(M$_{343}$), este conflicto originador del diluvio ocurrió
en ocasión del matrimonio de un Espíritu de las
aguas con una damisela arisca, hija del "Hombre-
de-las-calabazas" y la damisela "Calabaza-bajo-
el-agua" (Preuss, vol. I, pp. 207-218).[68]

...los demiurgos Sol y Luna echaron al agua sus
calabazas (frescas), que allí se transformaron al
instante en seres humanos. Cuando llegó el diluvio, parte de éstos consiguió preservarse en una
balsa dotada de calabazas secas a modo de flota-
dores: fueron los antepasados de los apinayé.[69]

Sobre la relación agua/calabaza en estos mitos,
que, como hemos visto, es a veces de castigo por
codicia, y otras, de salvación, concluye Lévi-Strauss:

Trátese de mitos antiguos o contemporáneos,
todos establecen una relación de incompatibilidad
entre las calabazas y el agua. Igual que la maraca,
las calabazas son por naturaleza "de aire", o sea,
"fuera del agua".[70]

Sin embargo, es del agua que surge por primera
vez la calabaza mítica que ha de convertirse en la
primera maraca, según un mito arahuaco que un
viejo chamán, Maraka-kore, narra a Brett:

En tiempos muy antiguos, los yawahu tenían
total libertad para hacer todo tipo de daños a la
humanidad; y no sólo afligían a los hombres con
enfermedades, sino que los molestaban de otras

68  Lévi-Strauss: *Mitológicas*, II, pp. 372-373.
69  *Ibid.*, p. 374.
70  *Ibid.*

maneras, incluso destruyendo su comida y sus utensilios de cocina. Sucedió que un arawako de nombre Arawanili caminaba por la ribera mientras reflexionaba sobre la triste condición a que habían sido reducidos los hombres, cuando una forma femenina, Orehu, surgió del arroyo, mostrando en su mano una ramita. Le entregó la ramita al hombre, para que la plantara y luego recogiera el fruto. El hombre así lo hizo, y obtuvo la calabaza, que hasta ese momento les era desconocida. Ella emergió otra vez de las aguas para entregarle unas piedrecillas blancas que debía encerrar en la calabaza según sus instrucciones. Después de iniciarlo en los misterios del sistema de los semeci, se retiró a su recinto acuático[71]

La diosa que sale de las aguas y entrega a Arawanili los secretos rituales del chamanismo es el paralelo amazónico de la Guabonito, también hija del agua, que le da a Guahayona las cibas y los guanines, símbolos del poder cacical.

A la asociación agua/calabaza un mito guayanés resumido por Lévi-Strauss añade la de los peces. Este mito, que transcribimos fragmentado a continuación, también, como el de Pané, envuelve un hurto:

...los dos primeros objetos de que el héroe se apodera ofrecen interés particular para nuestra indagación. Uno es una calabacita que no ha de llenar de agua sino hasta la mitad. Entonces el río se seca y es posible recoger todo el pescado. Basta con vaciar el contenido de la calabaza en el lecho del río para

71  Brett: *op. cit.*, pp. 292-293.

que éste recupere su nivel normal. Los cuñados roban la calabaza y cometen el error de llenarla del todo. El río se desborda, arrastra la calabaza y el hijo del héroe se ahoga.[72]

La asociación calabaza/agua/peces está recogida también en el mito caribe *De cómo el dolor, la miseria y la muerte aparecieron en el mundo*:

> ..."Y más aún, con respecto a ustedes los hombres", continuó diciendo Yurokon, mientras se dirigía a los varones del grupo, "les haré pasar grandes trabajos para pescar". Y así lo hizo, porque en aquellos tiempos nosotros los caribes íbamos a la ribera, y sólo teníamos que sacar el agua con nuestras calabazas para luego poder recoger los peces que quedaban expuestos en el fondo del río, y de nuevo devolver el agua a la cuenca vacía para que criara peces otra vez. Yurokon cambió todo esto, y nos obliga a pasar por el trabajo y la molestia de envenenar los estanques con diversas raíces.[73]

La asociación del robo de los alimentos al diluvio se da en el núcleo mítico que Lévi-Strauss llama "el mito del árbol de los alimentos":

> El mito del árbol de los alimentos está ricamente representado entre los Arawak y los Caribes de la Guayana, y hasta en Colombia; otrora ($M_{114}$) los únicos que poseían el secreto eran el tapir o el agutí, y se negaban a compartirlo con los hombres. Estos hicieron que los espiara una ardilla, una rata

<hr />

72 Lévi-Strauss: *Mitológicas*, II, p. 375.
73 Roth: *op. cit.*, p. 179.

o una zarigüeya. Descubierto el emplazamiento del árbol, los hombres deciden derribarlo. Del tocón brota el agua (K. G. 1, pp. 33-38, Wassen 1, pp. 109-110), que se transforma en diluvio y destruye la humanidad (Brett, pp. 106-110, 127-130; Roth, 1, pp. 148-149; Gillin, p. 189; Farabee, 3, pp. 83-85; Wirth 1, p. 259). Los Wapisiana y los Taruma de la Guayana británica cuentan ($M_{115}$) que Duid, hermano del creador, nutría a los hombres con los frutos del árbol de la vida, pero que descubrieron dónde se abastecía y decidieron servirse ellos mismos. Furioso por semejante insubordinación, el creador derriba el árbol y el agua del diluvio brota del tocón (Ogilvie, pp. 64-67).[74]

En conferencia del 20 de noviembre de 1975, el profesor Jalil Sued apuntó a la similitud entre uno de estos mitos "del árbol de los alimentos" y el mito del diluvio en Pané:

Al suroeste del área ge, los Matako y los Ashlushlay del Chaco conocen la historia del árbol de los alimentos ($M_{111}$), pero éste es descrito como un árbol cargado de peces y cuya corteza, perforada por un imprudente, deja salir las aguas que cubren la tierra y destruyen la humanidad.[75]

También destacó el profesor Sued la estructura paralela a la del mito taíno (conflicto padres/hijos, hijos reciben castigo, creación del mar como resultado) en un mito sherenté citado por Lévi-Strauss:

74  Lévi-Strauss: *Mitológicas*, I, p. 186.
75  *Ibid.*, p. 185.

Había una vez un indio, casado y padre de varios hijos adultos, aparte del último nacido que se llamaba Asaré. Un día que este indio andaba de caza, los hermanos enviaron al benjamín a llamar a la madre para que viniera a la casa de los hombres, a fin —tal pretendían— de cortarles el cabello y pintarles. Y allí, por turno, la violaron.

Denunciados por Asaré, los culpables reciben de su padre un rudo castigo. Para vengarse incendian la choza. Los padres se convierten en gavilanes, de la especie a la que le gusta volar entre el humo de los hogares, y consiguen escapar por el agujero del techo...

Solos en el mundo desde aquel momento, los hijos deciden irse muy lejos. Durante el viaje Asaré padece sed, y el agua de las nueces de tucum (Astrocarym tucuma) rotas por sus hermanos no basta para apagarla. Entonces un hermano se pone a abrir un agujero en la tierra con su jabalina y brota tanta agua que Asaré, por mucho que lo animan sus hermanos mayores, no consigue bebérsela toda. La capa de agua se extiende; poco a poco se forma el océano...[76]

Es posible que la base de la asociación calabaza/agua/alimentos esté en el hecho tan simple como conocido de que en las sociedades aborígenes a que nos referimos, la calabaza o higüera,[77] seca y vacía, servía de recipiente, tanto para los líquidos como para los comestibles sólidos. Oviedo lo confirma, Las Casas también:

76  *Ibid.*, p. 200.
77  Empleamos la palabra "calabaza", como Lévi-Strauss o Pané, en sentido genérico: realmente se trata de una higüera.

Otro árbol hay muy provechoso en esta Isla, y es el que llamaban los indios hibuero, la sílaba penúltima luenga. Este produce unas calabazas redondas como una bola y no mayores comúnmente, aunque algunos las echan un poco luengas; están llenas de pepitas y carne blanca como la de Castilla, y son tan tiestas y duras las teces después de secas, por dentro y por fuera, no como las de Castilla, que son fofas y fácilmente se quiebran, sino como si fueran de hueso; sacada la carne y las pepitas, servíanse dellas de vasos para beber y de platos y de escudillas.[78]

La calabaza también está asociada a la caza marina de las aves llamadas ánseres por Oviedo; de nuevo la asociación calabaza/mar/alimentos. También encontramos en Las Casas un dato que nos da la base para la asociación específica calabaza/mar: los indios llevaban calabazas o higüeras en las canoas para sacar el agua que amenazaba la seguridad de las mismas. Veamos:

Nunca estas canoas se hunden en el agua aunque estén llenas, y cuando se avengan con tormentas, saltan los indios dellas en la mar, y con unas calabazas que traen vacían el agua y tórnanse a subir a ellas.[79]

Volveremos al tema del diluvio, tan difundido en la mitología americana. Por lo pronto no hay que perder de vista su relación con el tiempo cíclico

---

78  Las Casas: *op. cit.*, III, p. 48.
79  *Ibid.*, I, p. 145.

y las ideas de destrucción y regeneración de la humanidad, ligadas a un mesianismo cuya función social veremos más tarde.

## 5. El mito de la conquista de bienes culturales

En los pueblos cuya base fundamental de subsistencia es el cultivo de la yuca, es natural que aquellos aspectos de su mitología que explican el origen de los bienes culturales tengan un marcado aire de familia. El mito de referencia de Pané dice así:

*De las cosas que pasaron los cuatro hermanos cuando iban huyendo de Yaya*

Estos, tan pronto como llegaron a la puerta de Bayamanaco, y notaron que llevaba cazabe, dijeron: "Ahiacabo guárocoel", que quiere decir: "Conozcamos a este nuestro abuelo". Del mismo modo Deminán Caracaracol, viendo delante de sí a sus hermanos, entró para ver si podía conseguir algún cazabe, el cual cazabe es el pan que se come en el país. Caracaracol, entrando en casa de Bayamanaco, le pidió cazabe, que es el pan susodicho. Y éste se puso la mano en la nariz y le tiró un guanguayo a la espalda; el cual guanguayo estaba lleno de cohoba, que había hecho hacer aquel día; la cual cohoba es un cierto polvo, que ellos toman a veces para purgarse y para otros efectos que después se dirán. Esta la toman con una caña de medio brazo de largo, y ponen un extremo en la nariz y esto les hace purgar grandemente. Y así les dio por pan aquel guanguayo, en vez del pan que hacía y se fue muy indignado porque se lo pedían... Caracaracol, después de esto, volvió junto a sus hermanos, y les

contó lo que le había sucedido con Bayamanacoel,
y del golpe que le había dado con el guanguayo en
la espalda, y que le dolía fuertemente. Entonces sus
hermanos le miraron la espalda, y vieron que la
tenía muy hinchada; y creció tanto aquella hinchazón, que estuvo a punto de morir. Entonces procu-
raron cortarla, y no pudieron; y tomando un hacha
de piedra se la abrieron, y salió una tortuga viva,
hembra; y así se fabricaron su casa y criaron la tortuga...[80]

El mito tiene la estructura típica de su clase: 1) hay
un abuelo o anciano, con la autoridad que da el
poseer los secretos civilizatorios (en este caso, Bayamanaco), 2) se le acercan unos jóvenes (Deminán
y sus hermanos) que desean poseer dichos bienes,
3) los bienes incluyen: un alimento esencial (la yuca) y el fuego para cocerlo (en este caso, implícito,
porque lo que se pide es cazabe), 4) el traspaso de
estos bienes está prohibido (nótese la indignación
que le da a Bayamanaco el solo hecho de que se le
pidan estos bienes), 5) el medio de conseguirlos es
el robo o la petición (en este caso, esta última), 6) tras

80  Pané: *op. cit.*, pp. 30-31. Conviene registrar aquí parte de la versión resumida de Mártir, en que éste insiste en el hecho de que de la
espalda de Deminán salió la mujer que habría de ser la madre de la
nueva generación que surge después del diluvio:
  "Y porque ya el hambre les apretaba cruelmente, comenzaron
  a tocar en la casa de un panadero pidiendo cazabe, es decir, pan;
  pero cuentan que el panadero escupió tan violentamente al primero que entró, que del golpe del esputo le salió un tumor, hin-
  chadísimo, que casi murió; pero por consejo de sus hermanos,
  tomando una piedra aguada, lo abrieron, y de la úlcera cuentan
  que *nació una mujer, de la cual todos los hermanos usaron
  mutuamente, y de ella engendraron hijos e hijas*". (Pané, p. 96
  Bastardilla nuestra).

la conquista de los bienes culturales o su intento viene el castigo (en el mito que nos ocupa, el castigo es ambiguo: el esputo que lanza Bayamanaco está lleno de cohoba (el alucinógeno ritual, otro bien cultural) y de la hinchazón de la espalda de Deminán, causada por el esputo, saldrá la tortuga-hembra (otro bien, las mujeres), 7) el sentido básico del mito es el señalado por Arrom, el tránsito de un modo de producción a otro: de la etapa salvaje, de caza, recolección y pesca, de nomadismo y vivienda en cuevas, a la etapa de agricultura, sedentaria ("...y así se fabricaron su casa..."); es lo que Lévi-Strauss llamaría el paso de lo crudo a lo cocido.

Veamos paralelos en la mitología amazónica. Armellada recoge un mito llamado *Kawao*, tomado de Marc de Civrieux: *Mitología Makiritare* (1970), que ofrece unos interesantes puntos de contacto con nuestro mito de referencia. Por ser muy extenso, lo resumimos en lo esencial:

> Antiguamente, los hombres no conocían el fuego. Sólo una mujer, Kawao, lo poseía, escondiéndolo en su barriga. Ella era la única que podía cocinar y hacer cazabe. Un día, Kawao, que se convertía en rana cuando quería mató a Hui'io, la madre del agua. Encontró dos huevas de peces en la ribera del río y se las llevó a su casa. De ellas nacieron dos muchachos: Shikié'mona e Ivreke, a los que crió.
>
> Cuando crecieron, quisieron saber cómo hacía Kawao para cocinar. Ella mintió, diciendo que lo lograba con el calor del sol. Al insistir los muchachos, se da el siguiente diálogo:
>
> "La mujer se puso brava, los echó de la casa:
> —Ahora os voy a castigar, no os daré comida.
> Entraron por otra puerta: —Danos cazabe —de-

cían. Dinos cómo lo haces.

Kawao los echó a palos".

Los muchachos se fueron al río, como peces.
Allí hallaron una totuma (güira o calabaza). Soña-
ron, y la madre del agua les habló así:

"Esta era mi totuma, mi shimi de caruto para
pintarme. Si la botáis, los ríos se saldrán de madre,
mucha agua cubrirá la tierra, ahogaréis a la gente..."

Los muchachos decidieron vengar a su madre
e inundar toda la tierra. Regresan, y tras una serie
de peripecias, logran robar el fuego y el cazabe a
Kawao. No llegan, sin embargo, a cumplir con la
amenaza del diluvio[81]

Este mito makiritare presenta los siguientes puntos
de coincidencia con lo que nos narra Pané: 1) los
protagonistas son gemelos, 2) los bienes codiciados
son el cazabe y el fuego, 3) la conquista de los mismos principia por petición (aunque después ter-
mina por robo), 4) hay castigo (palos) como resultado, 5) el mito explica obviamente el tránsito de
lo crudo a lo cocido. Hasta aquí, el núcleo clásico
de este tipo de mito. Pero nos importa señalar algo
más: la referencia al diluvio y a la calabaza como
receptáculo de las aguas, todo ello asociado al robo
de bienes. No podemos dejar de pensar en la calabaza, que tras el robo de los peces, se le rompe a
los hermanos Caracaracol, inundando la tierra con
sus aguas, como hemos visto en el mito anterior
de Pané.

Armellada presenta otro mito de robo de bienes
culturales, esta vez del fuego nada más. Se llama

81  Armellada: *op. cit.*, pp. 155-160.

*El origen del fuego*, y es la versión de un informante indígena de 70 años, de la Baja Guajira, Venezuela. Citamos sólo las partes que interesan para la comparación:

> En un principio los hombres no conocían el fuego. Eran seres imperfectos que comían cosas crudas... La triste suerte de los primeros hombres a causa de su imperfección era igual a la de los animales. Unos vivían metidos en los troncos, en los huecos, en las cuevas... Sólo Maleiwa poseía el fuego en forma de piedras encendidas que celosamente guardaba en una gruta fuera del alcance de los hombres. Maleiwa no quería entregar el fuego a los hombres... (Pero sucedió que un joven, Junuunay, quería robar el fuego. Se acercó a Maleiwa, y llamándolo "Venerable abuelo", le pidió cazabe. Después de varias artimañas, logró robarlo, y Maleiwa lo persiguió para castigarlo, convirtiéndolo en escarabajo).[82]

De nuevo, observamos la estructura típica: 1) un abuelo en posesión del bien cultural, 2) el robo como medio de conseguirlo, 3) el castigo. Las palabras "Venerable abuelo", con que Junuunay se dirige a Maleiwa, recuerdan la afirmación de los Caracaracol al ver a Bayamanaco: "Conozcamos a este nuestro abuelo". Es interesante también el detalle de la vivienda en cuevas, como símbolo de vida primitiva; podemos asociarlo a lo que narra el principio del libro de Pané.

En el mito *La búsqueda del hacha de piedra*, que Roth recoge de un grupo arawako de las Guayanas

82  *Ibid.*, pp. 187-188.

sificado como taíno final, habría sido una etapa
inicial, truncada por la conquista europea.[86]

Pero aun cuando lo que acabamos de apuntar
quede como mera conjetura, lo que sí podemos afir-
mar categóricamente es que una sociedad que da a
sus ancianos posiciones de relevancia social, es una
sociedad agrícola, que ya está en condiciones de
producir excedentes que permitan la estratificación
o existencia de grupos sacerdotales, políticos y artesanales, liberados de las actividades productivas de
los bienes de subsistencia. Sobre esto, veamos a
Godelier:

> La amplitud de estos conocimientos empíricos
> que poseen las sociedades primitivas y agrícolas
> sobre su contorno natural es frecuentemente in-
> mensa; por ello se comprende la importancia que
> tienen los más ancianos en esas sociedades, ya que,
> en relación con las generaciones más jóvenes, con-
> servan y transmiten la información acumulada.[87]

> En numerosas sociedades de cazadores recolec-
> tores, el proceso de producción es discontinuo y
> debe recomenzar tras cada caza y cada recolección,
> sin dejar huellas y sin que puedan realmente alma-
> cenarse recursos para el futuro o deban apartarse
> simientes u otros productos del proceso de trabajo
> que asegurarían su reproducción.
> En estas condiciones, puede suponerse que la
> generación que dispondrá de los instrumentos más
> importantes de la autoridad social será aquella en

86  Cassá: *Los taínos de la Española*, pp. 23-24.
87  Godelier: *Economía, fetichismo y religión en las sociedades
primitivas*, p. 83.

la que los hombres y las mujeres estén en plena posesión de sus capacidades de producción. Esto es lo que ocurre entre las bandas de los pigmeos mbuti, en el interior de las cuales la generación de los ancianos desempeña un papel social más desdibujado que la de los cazadores adultos. (...) De una manera general, la existencia de un excedente regular de medios de subsistencia, excedente que se produce con mucha mayor regularidad en el seno de los modos de producción basados en la agricultura o en la ganadería, permite el mantenimiento de generaciones de ancianos y les aseguran una posición estratégica en la transmisión de los acervos de las generaciones anteriores, posición que prima en definitiva sobre el papel más o menos grande que puedan aún desempeñar directamente en la producción, sobre su capacidad individual efectiva de ser productores directos. Bajo esta óptica hay que analizar la existencia y las funciones de los "consejos de ancianos", la autoridad de los "jefes de linaje" u otras formas de comunidades particulares, basadas o no en el parentesco, y que componen las partes de comunidades más vastas (poblado, tribu, etc.).[88]

El tabú del robo constituye una de las prohibiciones más importantes y difundidas de toda la América precolombina. Nos parece válido hablar de este tabú con relación al mito de Pané aun cuando allí sólo se menciona una petición que hace Deminán a Bayamanaco, porque la indignación de éste sugiere que el joven está a punto de infrigir una regla social importante. Además, cuando leemos este pasaje nos

88 *Ibid.*, pp. 90-91.

da la sensación de que está resumido (Pané mismo
señala: "De esto no he sabido más, y poco ayuda lo
que llevo escrito"); muy probablemente Deminán
se cansó de pedir sin resultados e intentó el robo
(como casi todos los protagonistas de este núcleo
mítico), causando así el enojo de Bayamanaco. De
todas maneras, ya vimos otro caso importante de
robo de alimentos: el de los peces por parte del mismo Deminán.

Oviedo insiste en que el robo constituía el delito
más grave para los indios de la Española:

> El mayor pecado o delicto que los indios desta
> isla más aborrescían e que con mayor riguridad e
> sin remisión ni misericordia alguna castigaban, era
> el hurto; e así, al ladrón, por pequeña cosa que hur-
> tase, le empalaban vivo (como dicen que en Tur-
> quía se hace), e así lo dejaban estar en una palo o
> árbol espetado, como en asador, hasta que allí mo-
> ría. Y por la crueldad de tal pena, pocas veces acaes-
> cía haber en quién se ejecutase semejante castigo;
> mas ofresciéndose el caso, por ninguna manera, ni
> por debdo o amistad, era perdonado ni disimulado
> tal crimen; y aun cuasi tenían por grande error
> querer interceder o procurar que tal pena fuese
> perdonada ni promutada en otra sentencia, como
> cometer el mismo hurto.[89]

para los de Cuba:

> El mayor pecado en aquella isla era hurtar, e
> así castigaban tal delito, como dije atrás.[90]

y para los de Nicaragua:

89  Fernández de Oviedo: *op. cit.*, I, pp. 123-124.
90  *Ibid.*, II, p. 116.

Verdad es que como el hurto lo tienen entre aquesta gente por el mayor delicto que se puede cometer, cada uno tiene licencia de cortar ambas manos y echárselas al cuello colgadas al ladrón que toman dentro en maizal o heredamiento, si solo un espiga hallan que ha cortado sin licencia de su dueño.[91]

Las Casas nos dice lo mismo sobre México:

El que cometía hurto notable, mayormente si era cosa de los templos o de la casa del señor, o si para hurtar escalaba o rompía casa, por la primera vez lo hacían esclavo y a la segunda lo ahorcaban. El ladrón que hurtaba en la plaza o mercado cosa de precio, así como ropa o algún tejuelo de oro, o por frecuentación de hurtos pequeños en el mercado (porque había tan sotiles ladrones algunos, que en levantándose la vendedora o volviendo la cabeza, le apañaban de lo que tenía), luego le ahorcaban, por la circunstancia del lugar, porque tenían por gran delicto el que se cometía en el mercado, por el mal ejemplo que a toda la comunidad daba.[92]

También en la zona incaica se consideraba como algo muy grave; en tiempos del imperio el saludo típico era: "No seas ladrón ni tampoco mentiroso" ("Ama sua ama kella hinallatah kampas").

En *Antiguas culturas precolombinas*, Laurette Séjourné dice que una de las características más sobresalientes de la América indígena —considerada en su totalidad— era la del sentido comunitario de la vida, de la tierra y del trabajo (la anonimia de los

---

91  *Ibid.*, III, p. 316.
92  Las Casas: *op. cit.*, IV, p. 359.

textos literarios sería una buena ilustración de esto, dejando a un lado, como incipiente excepción, el caso de México). Puede que éste sea el contexto para situar el tabú del robo; sin embargo, se nos plantea un problema teórico si tenemos en cuenta que no toda la América indígena presentaba el mismo grado de evolución social. Vemos el tabú del robo tanto en las culturas más avanzadas, como la incaica y la mexicana, como en otras menos evolucionadas (el caso de la taína). De manera que no podemos estar seguros de que esta prohibición sea típica de las sociedades primitivas e igualitarias, regidas por el principio de reciprocidad (como sucede en la tribu actual de los pigmeos mbuti, estudiados por Turnbull en *The Forest People*), ya que también puede ser una manifestación de sociedades que han empezado a estratificarse y necesitan defender la incipiente propiedad privada, o por lo menos, estatal (aquí entrarían los taínos, que estaban bien lejos del primitivismo bucólico que les achacó el idealismo renacentista). En el caso de la sociedad taína, adelantaríamos la hipótesis de que se trata del aprovechamiento, por parte de los grupos que ostentan el poder, de la ideología colectivista del anterior modo de producción, para mejor encubrir la instauración de un nuevo régimen.

## 6. Asociación mítica de los niños llorones a las ranas

Como resultado del robo de mujeres por Guahayona, los niños abandonados se convierten en ranas:

...y habían dejado a los niños pequeños junto a un arroyo. Después, cuando el hambre comenzó a molestarles, dicen que lloraban y llamaban a las madres, diciendo "mama" para hablar, pero verdaderamente para pedir la teta. Y llorando así, y pidiendo teta, diciendo "toa", "toa" como quien pide una cosa con gran deseo y muy despacio, fueron transformados en pequeños animales, a manera de ranas, que se llaman tona, por la petición que hacían de la teta y de esta manera quedaron todos los hombres sin mujeres.[93]

Un mito tukuna sobre el origen de los poderes chamánicos nos da la misma asociación:

Una niña pequeña, de dos años, lloraba sin cesar todas las noches. Harta, la madre la sacó, y la niña siguió llorando sola. Por fin llegó una rana cuanuarú y se la llevó. La chiquilla siguió con la rana hasta que llegó a ser una adolescente, y aprendió de su protectora todas las artes mágicas.[94]

Se trata de la misma estructura que vemos en el mito de Pané: mal comportamiento madre/llanto niños/aparición ranas. Dos de las observaciones de Roth sobre las costumbres de los indios guayaneses parecen corroborar la relación rana/niños que establece el mito:

Yo mismo he conseguido, de los caribes del río Moruca, silbatos de niños hechos en barro con la forma de ranas y de tortugas.[95]

93  Pané: *op. cit.*, p. 24.
94  Lévi-Strauss: *Mitológicas*, II, p. 161.
95  Roth: *op. cit.*, p. 140.

> Las mujeres embarazadas llevan como amuleto
> una de estas ranas (Caribes).[96]

La insistencia en el motivo de la rana en las representaciones materiales de la cultura taína (petroglifos y pictografías muestran la figura humana
con ancas de rana en vez de piernas; los trigonoli-
tos o cemíes de tres puntas también manifiestan esta
característica) parece apuntar hacia la importancia
de su significación mítica. Las asociaciones principales de la rana son los niños y las mujeres pre-
ñadas, por lo que quizá metaforice la fecundidad y
la vida. Como en el pensamiento mítico, que fun-
ciona por analogía, los signos no son arbitrarios,
se nos ocurre la posibilidad de que entre la rana y
los niños el vínculo esté en la observación de algo
tan corriente que nos pasa a veces desapercibido:
los niños recién nacidos tienen siempre las pierne-
citas flexionadas en una forma que, esquematizada
en las representaciones plásticas, recuerda sin lugar
a dudas las ancas de la rana. También cabría rela-
cionar al agua (fuente de vida, símbolo universal
de potencia sexual) con el motivo de la rana, ya que
es su medio natural.

## 7. La enfermedad de la piel como castigo mítico del incesto

Tras el robo de mujeres, a la vez adúltero e incestuoso (eran las mujeres de la cueva, sus hermanas,
la primera generación; y a la vez mujeres de sus

96

*Reproducción de petroglifo de la etapa taína (nótense ancas de rana).*
*Cortesía del Museo de la Universidad de Puerto Rico. Fotografía:*
*Bolívar Aparicio.*

*Amuletos con motivo de rana, en hueso (etapa taína). Cortesía del Museo de la Universidad de Puerto Rico. Fotografía: Bolívar Aparicio.*

maridos), Guahayona contrae una suerte de sífilis que se manifiesta a través de llagas en la piel. La mitología amazónica está llena de ejemplos de castigo al incesto por medio de manchas en la piel, todos ellos versiones del mito de la luna que comete incesto con su hermana. Veamos:

> En la historia de Luna, el mito explica que sus manchas vienen como resultado de que se acostaba con su hermana, quien no sabía quién era el que venía por las noches a estar con ella, por lo que una noche se mojó en tinta negra y le dejó la cara manchada para reconocerlo al otro día. (barasana)[97]

Al principio la luna era un varón joven que tenía dos hermanas, las dos adultas y las dos solteras.

Cuando a las altas horas de la noche regresaba el indio y encontraba dormidas a sus hermanas, yacía con entrambas, sin que ellas se dieran cuenta.

Las hermanas se preguntaban al despertar: ¿Quién habrá sido?; pues no caían en la cuenta de que podía ser su hermano.

Mas un día se propusieron descubrir al violador.

Para ello, recogieron una porción de frutas del caruto nombrado en guarao jamaturu, y las pusieron a hervir para hacer una tinta fuerte.

Antes de acostarse por la noche, se tiñeron ambas los pechos con aquel tinte, fabricado con la fruta del caruto, con el designio de que al venir como de costumbre el desconocido varón, quedase su cuerpo señalado con las manchas de la tinta.

Así sucedió. Y al amanecer, las dos jóvenes sorprendieron manchado con la tinta a su propio hermano.

97  Torres Laborde: *op. cit.*, p. 31.

¡Quién lo iba a sospechar!, se dijeron. ¡Nuestro hermano ha sido!

Al oírlas, el joven se llenó de vergüenza, remontó el espacio volando y se convirtió en luna.

Piensan los guaraos que todas las mujeres son hijas de la luna. Y como la luna tiene a veces color sanguinolento, creen también que la luna derrama verdadera sangre.

Ahora bien. Siendo las mujeres hijas de la luna, creen los indios que así como de la luna fluye sangre, igualmente debe fluir de sus hijas. (De Basilio Barral, *Guarao Guarata*, 1960) [98]

Una muchacha fue requerida en plena noche por un joven misterioso. A la mañana siguiente, la muchacha quiso conocer a su amante, pero éste habíase ya fugado. Para la noche siguiente, pintó la muchacha sus senos con onoto, esperando que al día siguiente reconocería al joven por las manchas rojas de la cara. Pero el joven quitóse las manchas de onoto con el aceite de la palma seje, y la muchacha no pudo dar con él. Esta volvió a pintar sus senos con una pintura más fuerte e imborrable: la pintura negra del "matapalo".

¡Terrible sorpresa! A la mañana siguiente vio las manchas negras en la cara de su propio hermano. Por miedo al castigo que a esto seguiría, el incestuoso hermano huyó hasta los confines de la tierra, en donde se transformó en la luna.

Las manchas negras de su cara pueden aún hoy día verse en la luna en sus períodos de crecimiento y mengua. Y si esas manchas se hacen rosadas, es porque ellas obligan a la mujer en su fase de menstruación (Yarabana, en *Antropológica*, núm. 5, 1958, pp. 58 y ss., Caracas) [99]

98  Armellada: *op. cit.*, p. 89.
99  *Ibid.*, p. 217.

Roth recoge el mismo mito (*De cómo la luna se ensució la cara*), señalando que es tanto arahuaco como guarao.[100]

También Breton lo oye en Guadalupe y Martinica entre los años de 1635 a 1654, consignándolo en su *Dictionnaire Caraibe-Français, mêlé de quantité de remarques historiques pour l'éclaircissement de la langue*. Esto último es significativo, porque ilustra el carácter que asumen las Antillas Menores como puente cultural entre las Mayores y el continente.

Sin embargo, en el mito de Guahayona el castigo se supera, ya que, gracias a la ayuda de Guabonito, se cura y adquiere un nuevo nombre: Albeborael. La superación de la enfermedad —que supone casi la adquisición de una nueva piel— muy bien puede estar relacionada con la inmortalidad por lo que indica Roth:

> Otras manifestaciones de la idea de un cuerpo inmortal se dan en los mitos relativos al cambio de piel: los indios creen que las criaturas que mudan la piel viven eternamente.[101]

y constatamos en Schomburgk[102] y Gilij (citado por De Armas Chitty)[103]. Recordemos que Guahayona, por sus aventuras, es un demiurgo que tiene una categoría de casi-deidad. La adquisición del nuevo nombre, tras la superación de la enfermedad, es

100 Roth: *op. cit.*, p. 256.
101 *Ibid.*, p. 149.
102 Schomburgk: *op. cit.*, p. 253.
103 De Armas Chitty: *op. cit.*, p. 11.

una costumbre arahuaca que tiene el sentido de nacimiento a una nueva vida:

> Las circunstancias según las cuales el nombre dado puede cambiar varían. Como hemos mencionado ya, éste era el caso para los arawakos cuando superaban una enfermedad prolongada.[104]

## 8. El mito de los caníbales

La única mención que se hace de los caníbales en el texto de Pané los caracteriza como los agentes sobrenaturales que precipitarán un apocalipsis para el mundo taíno:

> Y dicen que este Cacique afirmó haber hablado con Yucahuguamá, quien le había dicho que cuantos después de su muerte quedasen vivos, gozarían poco tiempo de su dominio, porque vendría a su país una gente vestida, que los habría de dominar y matar, y que se morirían de hambre. Pero ellos pensaron primero que éstos habrían de ser los caníbales; mas luego, considerando que éstos no hacían sino robar y huir, creyeron que otra gente habría de ser aquella que decía el cemí. De donde ahora creen que se trata del Almirante y de la gente que lleva consigo.[105]

En *Caribes y Amazonas: dos vertientes de un mismo mito,* Jalil Sued ha estudiado las implicaciones de este mito como mecanismo de control social asociado a la concepción cíclica del mundo[106] y a un

104 Roth: *op. cit.,* p. 306.
105 Pané: *op. cit.,* p. 48.
106 Sobre dicha concepción cíclica del mundo, ampliamente difun-

mesianismo cuya manifestación de intenso ceremonialismo ha sido corroborada por la arqueología
para la última etapa taína previa a la llegada de
los españoles.

Estudiar el mito de los caníbales en sus manifestaciones posteriores a la conquista es difícil, ya que
por razones de dominación los españoles se lo tomaron en serio, cosa de tergiversar la imagen del
colonizado para justificar el saqueo y la explotación.[107] Por ello, quizá en algunos de los mitos amazónicos que aluden a los caníbales o caribes hay la
posibilidad de influjo europeo. He aquí algunos
ejemplos, en los que la característica básica de estos
seres es la antropofagia:

> En Cayenne, le toca a Yurokon, espíritu de la
> selva, estrangular a unos, corromper la sangre de
> los otros, plagar a algunos de llagas (...) Los mis-
> mos indios creen también en un espíritu que se
> llama Chinay (hasta el momento no he podido
> identificarlo) que es un verdadero caníbal y que les
> chupa la sangre, lo que explica que enflaquezcan
> cuando se enferman.[108]

> Pero los hombres eran en realidad caníbales cari-
> bes, y tan pronto como llegaron a tierra, se abalan-
> zaron sobre las mujeres, y después de matarlas a

dida en América (ha sido corroborada en las culturas maya, azteca,
inca, mochica, maipure, tamanaca, macusi, etc.) la mitología taína
recogida por Pané presenta síntomas claros: hay por lo menos dos
humanidades, separadas por el diluvio, y al final, con la profecía de
Yucahuguamá, ya se anuncia un nuevo final, que a su vez, será un
nuevo principio.
107 Ver *Calibán*, de Roberto Fernández Retamar.
108 Roth; *op. cit.*, p. 181.

todas, empezaron a cocinar su carne. (Del mito guarao: *De cómo el niñito escapó de los caribes*) [109]

...los Siawara a los que alude otro mito ($M_{2446}$): pueblo caníbal posteriormente transformado en peces torpedo o en árboles, y cuya destrucción hace a los indios amos de las artes de la civilización...[110]

De estos niños voraces descienden los indios antropófagos caribes (así afirman los indios piaroa)... (En: *Indios de la región Orinoco-Ventuari*, de J. Wilbert) [111]

## 9. El trasmundo taíno

Pané lo describe del siguiente modo:

Dicen que durante el día están recluidos (los muertos), y por la noche salen a pasearse, y que comen de cierto fruto que se llama guayaba, que tiene sabor de (membrillo), que de día son... y por la noche se convertían en fruta, y que hacen fiesta, y van junto con los vivos. Y para conocerlos observan esta regla: que con la mano les tocan el vientre, y si no les encuentran el ombligo, dicen que es operito, que quiere decir muerto: por eso dicen que los muertos no tienen ombligo. Y así quedan engañados algunas veces, que no reparan en esto, y yacen con alguna mujer de las de Coaybay, y cuando piensan tenerlas en los brazos, no tienen nada, porque desaparecen en un instante...[112]

109 *Ibid.*, p. 273.
110 Lévi-Strauss: *Mitológicas*, II, pp. 155-156.
111 Armellada: *op. cit.*, p. 236.
112 Pané: *op. cit.*, pp. 32-33.

Roth narra un mito con versiones arahuaca y guarao, que aunque no se refiere a los muertos en particular, sino a un espíritu, tiene un cierto aire de familia con las correrías de los muertos taínos:

> El Mansinskiri (arawako) o Maihisikiri (guarao) es un tipo de Yawahu que se pasea por la selva, entre los árboles, y del cual las mujeres nativas, en ciertas determinadas ocasiones, deben guardarse. Estos espíritus pueden tomar la forma material idéntica a las de sus verdaderos maridos o amantes, pero pobrecita de la que acceda a sus ruegos, de seguro morirá en unos pocos días. Pero si la mujer es lo suficientemente astuta, puede decir con certeza si se trata del hombre verdadero o no —con sólo mirarle el pie izquierdo; si el amante es un espíritu, invariablemente le faltará el dedo gordo.[113]

Sobre la suerte que corrían los muertos, según las creencias taínas, lo poco que añade Cristóbal Colón corrobora lo recogido por Pané:

> He trabajado mucho por saber lo que creen y saben acerca de dónde van los muertos, especialmente de Caonabó, que era el rey principal de la isla Española, hombre de edad, de gran saber y de agudísimo ingenio; éste y otros respondían que van a cierto valle, que cada cacique principal cree estar en su país, y afirman que allí encuentran a sus padres y a sus antecesores; que comen, tienen mujeres y se dan a placeres y solaces, como más copiosamente se contiene en la siguiente escritura, en la que yo encargué a cierto Fr. Ramón, que sabía la lengua de aquéllos, que recogiese todos sus ritos y

---

113 Roth: *op. cit.*, p. 172.

su antigüedad; aunque son tantas las fábulas, que
no se puede sacar algún provecho, sino que todos
los indios tienen cierto natural respeto al futuro
y creen en la inmortalidad de nuestras almas. (en
*Historia del Almirante don Cristóbal Colón*, por
su hijo Hernando)

Este lugar paradisíaco, que según Pané los taínos
llamaban Coaybay, ha dejado su huella en la topo-
nimia antillana. En Puerto Rico, el barrio de Jayuya que lleva una variante de este nombre (Coabey),
es zona riquísima en petroglifos, lo que hace pensar
que fuera centro importante de culto

## 10. El fenómeno del cemiísmo en su aspecto ritual

Llamamos cemiísmo al particular culto religioso
de los aborígenes antillanos, caracterizado de la
siguiente forma por las crónicas:

Cada uno, al adorar los ídolos que tienen en casa,
llamados por ellos, cemíes, observa un particular
modo y superstición. (Pané).[114]

Conocen también uno (demonio) que llaman
Zemí, que no los trata mejor que este Maboia.
Algunos de ellos deben tener comunicación parti-
cular con él, ya que predicen las cosas futuras...
(Bouton, 1640, Antillas Menores).[115]

Invocan al Cemí, a quien consideran, como se

114 Pané: *op. cit.*, p. 21.
115 Bouton: *op. cit.*, p. 41.

106

ha dicho, su buen espíritu; es decir que consultan al Diablo por intermedio de sus magos o médicos Piayé o Boyé, quien los engaña con estos nombres... Cada Boyé tiene su cemí particular, o mejor demonio familiar... (Blanchard, 1674, Antillas Menores).[116]

Y en madera, y de barro y de oro, e en otras cosas, cuantas ellos pueden, lo esculpen o entallan, o pintan regañando e ferocísimo, como quien es. Al cual ellos llaman cemí, y a éste tienen por su Dios, y a éste piden el agua, o el sol, o el pan, o la victoria contra todos sus enemigos, y todo lo que desean; y piensan ellos que el cemí se lo da cuando le place; e aparescíales fecho fantasma de noche... (...) En esta isla Española, cemí, como he dicho, es el mismo que nosotros llamamos diablo... (Oviedo, siglo XVI).[117]

Es importante esclarecer las citadas palabras de Pané con un texto de Cristóbal Colón (*Historia del Almirante...*). De dicho pasaje, que citamos a continuación, se pueden inferir dos cosas importantes: el culto religioso presenta una cierta centralización, ya ha trascendido el nivel de culto familiar a los antepasados; también asume una clara función política dentro de la sociedad taína:

Idolatría u otra secta no he podido averigüar en ellos, aunque todos sus reyes, que son muchos, tanto en la Española como en las demás islas, y en tierra firme, tienen una casa para cada uno, separada del pueblo, en la que no hay más que algunas

116 Blanchard: *op. cit.*, p. 37.
117 Fernández de Oviedo: *op. cit.*, I, pp. 112-116.

imágenes de madera hechas en relieve, a las que
llaman cemíes, en aquella casa no se trabaja para
más efecto que para el servicio de los cemíes, con
cierta ceremonia y oración que ellos hacen allí, como nosotros en las iglesias. En esta casa tienen una
mesa bien labrada, de forma redonda, como un ta-
jador, en la que hay algunos polvos que ellos ponen en la cabeza de dichos cemíes con cierta ceremonia; después, con una caña de dos ramos que se
meten en la nariz, aspiran este polvo. Las palabras
que dicen no las sabe ninguno de los nuestros. Con
estos polvos se ponen fuera de tino, delirando como
borrachos. Ponen un nombre a dicha estatua; yo
creo que será el del padre, del abuelo o de los dos,
porque tienen más de una, y otros más de diez, en
memoria, como ya he dicho, de alguno de sus ante-
cesores. He notado que alaban a una más que a
otra, y he visto tener más devoción y hacer más reve-
rencia a unas que a otras, como nosotros en las pro-
cesiones cuando es menester, y se alaban los caciques y los pueblos de tener mejor cemí los unos,
que los otros.

Roth afirma que el cemiísmo se puede trazar hasta el continente:

> Sus vecinos del norte, los que vivían en las islas,
> aparentemente rendían culto al Cemí, o a espíritus
> familiares del mismo nombre, culto que todavía
> se puede observar, como me propongo demostrar,
> en algunas de las prácticas del chamán del conti-
> nente.[118]

Desde el punto de vista lingüístico la difusión del

118 Roth: *op. cit.*, p. 137.

cemiísmo en la zona amazónica es evidente; no sólo lo podemos corroborar por la presencia de la raíz *cemí* en varios de los nombres atribuidos a los chamanes (*semi-tchihi* en Roth, *semi-cici* en Brett), sino por el hecho de que los arahuacos continentales llaman genéricamente "yawahu" a sus espíritus de la selva, nombre que inmediatamente recuerda al de la deidad principal taína que menciona el texto de Pané:

> Creen que está en el cielo y que nadie puede verlo, y que tiene madre, mas no tiene principio, y a éste llaman *Yúcahu* Bagua Maórocoti...[119]

Sobre los cemíes continentales, dice Roth que "con raras excepciones (...) se encogen al exponerse a los rayos del sol o a la luz de las llamas".[120] Si esta creencia fue operante en las Antillas, los dos primeros capítulos del libro de Pané se iluminan, en el sentido de que los seres que salen de las cuevas son cemíes, que no resisten el sol.

Sin embargo, la religión que describen los etnógrafos en el continente, particularmente en el área de las Guayanas, carece de la complejidad que se manifiesta en el intenso ceremonialismo taíno. Posiblemente sea una degeneración del cemiísmo antillano, acelerada por la aculturación de estos pueblos en su etapa histórica.

119 Pané: *op. cit.*, p. 21. Bastardilla nuestra.
120 Roth: *op. cit.*, p. 193.

## 11. Las prácticas mortuorias

Concentraremos nuestra atención en la práctica mortuoria que encubre el mito del diluvio de Pané, en la parte que se refiere a Yayael:

> ...y después su padre lo mató, y puso los huesos en una calabaza, y la colgó del techo de su casa, donde estuvo colgada algún tiempo. Sucedió que un día, con deseo de ver a su hijo, Yaya dijo a su mujer: "Quiero ver a nuestro hijo Yayael". Y ella se alegró, y bajando la calabaza, la volcó para ver los huesos de su hijo. De la cual salieron muchos peces grandes y chicos. De donde, viendo que aquellos huesos se habían transformado en peces, resolvieron comerlos.[121]

En su primer viaje Colón pudo ver este tipo de enterramiento, que interpretó como tal, a pesar de que casi inmediatamente (para el segundo viaje) fue tomado por los conquistadores como prueba de canibalismo y barbarie. Citamos las impresiones de Colón al respecto:

> Hallaron también los marineros en una casa una cabeza de hombre dentro de un cestillo y colgado de un poste de la casa, y de la misma manera hallaron otra en otra población. Creyó el Almirante que debía ser de algunos Principales del linaje, porque aquellas casas eran de manera que se acogen en ella mucha gente en una sola, y deben ser parientes descendientes de uno solo. (29 de noviembre de 1492, Antillas Mayores).[122]

122 Colón: *op. cit.*, p. 74.
121 Pané: *op. cit.*, pp. 28-29.

Roth cita, con relación a esta práctica, a La Borde (1674):

> A veces ponían el pelo o algunos huesos de sus parientes difuntos en una calabaza. Guardan esto en sus casas, y lo usan para algún tipo de brujería. Dicen que el espíritu de los muertos les habla a través de estos restos, y les advierte de los planes de sus enemigos. (Antillas Menores).[123]

y a Gumilla (1791), Pierre Barrere (1743), Stedman (1806), Brinton (1891) y Wallace (1889):

> El comer la carne de un cadáver o el beber alguna poción preparada con la misma, excepto en aquellos casos en que se incurría en el canibalismo por motivos de venganza para inspirar terror en sus enemigos (Barrere), no era sino expresión de otra asociación en la cadena de ideas que culminaba en la creencia en la inmortalidad. Todavía quedaban en la carne o en los huesos de los difuntos algunos cualidades o espíritus que se podían separar y transferir a los vivos por medio de la ingestión... Los tarianas y los tucanos (del río Vaupés) y algunas otras tribus, un mes después del funeral, desentierran el cuerpo, que ya está bastante descompuesto, y lo ponen en un gran recipiente sobre el fuego, hasta que todo lo que en él es volátil desaparece en medio de un olor terrible, dejando tan sólo una masa negra y carbonizada, que se pulveriza y se mezcla en varios tanques grandes hechos de troncos huecos, repletos de caxiri: esto lo beben en grupo hasta que lo terminan: así creen que las virtudes de los difuntos serán transmitidas a los que bebie-

123 Roth: *op. cit.*, p. 168.

ron (Wallace). ...Los sálivas del Orinoco también
participaban de la práctica de desenterrar los huesos, quemarlos, y luego recoger las cenizas para
mezclarlas con el agua que tomaban (Brinton)...
Por otra parte, en las tierras de Cayenne, hay naciones que desentierran los huesos cuando estiman
que ya el cuerpo está suficientemente descompuesto, y tras calcinarlos, beben las cenizas mezcladas
con su vicu, pensando que por este medio le están
dando al difunto un enterramiento más honorable
que si lo dejaran a la merced de los gusanos y la
descomposición (Barrere). ...Seguramente no es
irracional suponer, dando por sentado que creían
que los espíritus y otras cualidades aún vivían en
los cadáveres, que los huesos de los difuntos que
repartían entre amigos y conocidos, o que colgaban
en sus casas, servían otros propósitos que no eran
los del mero regalo o los del simple adorno. No hay
duda de que los caribes insulares usaban los huesos
de sus amigos para propósitos de magia y profecía.
La práctica de exhumación de los restos a interva-
los más o menos largos, aunque no es evidencia
directa, puede indicar la existencia, en tiempos
pasados, de una práctica similar entre los caribes
continentales y otras tribus. Por ejemplo, al cabo
de un año, se exhuma el cuerpo descompuesto y
sus huesos se distribuyen a todos los amigos y conocidos (Stedman). Los huesos, después de limpios,
se introducen, de acuerdo con su tamaño, en una
canasta adornada con cuentas de vidrio de varios
colores; se tiene buen cuidado de que el cráneo quede como la tapa de la canasta. Entonces se cuelga
la canasta del techo, junto a las otras canastas que
contienen los huesos de sus antepasados. (Gumilla).[124]

124 *Ibid.*, p. 158.

El endocanibalismo ritual, base del aludido mito taíno, tiene vigencia plena en el grupo actual de los Yanomamö (Venezuela), que lo practican según lo describe Chagnon.

En la *Historia del Almirante don Cristóbal Colón*, se describen los distintos tipos de enterramiento que hacían los taínos a sus caciques. Citamos a continuación el pasaje (palabras del propio Colón), subrayando un detalle que podría ser una de las bases de la asociación mítica: enterramiento/calabaza/agua: origen del mar, que encontramos en el mito de Yayael:

> Asimismo, cuando estos indios mueren, les hacen sus exequias de diversos modos; la manera de sepultar a sus caciques es la siguiente: abren el cadáver y lo secan al fuego para que se conserve entero; de los de otros, solamente toman la cabeza; a otros los sepultan en una gruta y ponen encima de la cabeza pan y *una calabaza llena de agua*. Otros, los queman en la casa donde muere, y cuando los ven en el último extremo, antes de que mueran los estrangulan; esto se hace con los caciques... (Destacado nuestro).

## 12. Las prácticas chamanicas

El behique o chamán antillano tenía, según Pané, dos funciones principales: la de intermediario entre los cemíes y los hombres, y la de curandero. Es en su segunda función que encontramos claras asociaciones con el chamán continental. Como punto de referencia, transcribimos el proceso de curación según lo refiere Pané:

Cuando van a visitar a algún enfermo, antes de salir de casa toman hollín de las ollas o carbón molido y se ponen la cara toda negra, para hacer creer al enfermo lo que les parece acerca de su enfermedad; y luego cogen algunos huesecillos y un poco de carne. Y envolviendo todo esto en alguna cosa para que no se caigan, se lo meten en la boca, estando ya el enfermo purgado con el polvo que hemos dicho. Entrando el médico en casa del enfermo, se sienta, y callan todos; y si hay niños los mandan fuera, para que no impidan su oficio al behique, ni queda en la casa sino uno o dos de los más principales. Y estando así solos, toman algunas hierbas del güeyo... anchas, y otra hierba, envuelta en una hoja de cebolla, media cuarta de larga; y una de los dichos güeyos es la que toman todos comúnmente, y trituradas con las manos las amasan; y luego se la ponen en la boca para vomitar lo que han comido, a fin de que no les haga daño. Entonces comienzan a entonar el canto susodicho; y encendiendo una antorcha toman aquel jugo. Hecho esto primero, después de estar algún tiempo quieto, se levanta el behique, y va hacia el enfermo que está sentado solo en medio de la casa, como se ha dicho, y da dos vueltas alrededor de él, como le parece; y luego se le pone delante, y lo toma por las piernas, palpándolo por los muslos y siguiendo hasta los pies; después tira de él fuertemente, como si quisiera arrancar alguna cosa. De ahí va a la salida de la casa y cierra la puerta, y le habla diciendo: "Vete a la montaña, o al mar, o adonde quieras". Y con un soplo, como quien sopla una paja, se vuelve una vez más, junta las manos, como cuando se tiene mucho frío y se sopla las manos, y aspira el aliento, como cuando se sorbe el tuétano de un hueso, y chupa al enfermo por el cuello, o por el estómago, o por la espalda, o por las mejillas, o por el pecho, o por el vientre o por muchas partes del cuerpo.

Hecho esto, comienza a toser y a hacer feos visajes, como si hubiese comido alguna cosa amarga, y escupe en la mano y saca lo que hemos dicho que en su casa, o por el camino, se había metido en la boca, sea piedra, o hueso, o carne, como ya se ha dicho. Y si es cosa de comer, le dice al enfermo: "Has de saber que has comido una cosa que te ha producido el mal que padeces; mira cómo te lo he sacado del cuerpo, que tu cemí te lo había puesto en el cuerpo porque no le hiciste oración, o no le fabricaste algún templo, o no le diste alguna heredad". Y si es piedra, le dice: "Guárdala muy bien". Y algunas veces tienen por cierto que aquellas piedras son buenas, y ayudan a parir a las mujeres, y las guardan con mucho cuidado...[125]

Blanchard narra un proceso casi idéntico para las Antillas Menores, lo que demuestra la unidad cultural básica que se dio entre estas islas y las Antillas Mayores, así como su carácter de puente entre éstas y el continente sudamericano:

Para saber el resultado de sus enfermedades hacen venir a un Piayé por la noche, el cual inmediatamente manda apagar todo el fuego en el bohío y hace salir a las personas sospechosas; después se retira a un rincón a donde hace venir al enfermo y después de haber fumado un cabo de tabaco, lo tritura en sus manos y lo sopla al aire, sacudiéndose y haciendo chascar sus dedos. Dicen ellos que el Cemí jamás falta de venir al olor de este incienso y perfume administrado por este Boyé, quien sin duda hace pacto con el Diablo; y al consultársele entonces responde con una voz clara como si vinie-

125 Pané: *op. cit.*, pp. 35-37.

ra de lejos todo aquello que se le ha preguntado. Después se acerca al enfermo, y toca, presiona y soba varias veces la parte afligida, soplando siempre encima y extrayendo algunas veces, o haciendo el fingimiento de sacar algunas espinas o pequeños trozos de mandioca, huesos o raspaduras de pescado que este diablo le pone en la mano al enfermo persuadiéndolo de que es esto lo que le causa el dolor. A continuación chupa esta parte doliente y sale constantemente del bohío para vomitar aquello que él dice es el veneno; así el pobre enfermo sana más imaginadamente que en realidad.[126]

En el siglo XVI, Oviedo narra la misma práctica entre los indios caiquitos del golfo de Venezuela:

Hecho aquesto, pregúntale si le duele tanto como solía, y si dice el enfermo que sí, chúpale con la boca aquel miembro o lugar del dolor, escupiendo de rato en rato. Y a cabo de cinco o seis días que aquesto hace el boratio, si dice el doliente que está mejor, mete una espina o piedra, o lo que se le antoja, en la boca, que parezca que lleva algún color o manera de hacerlo creer al enfermo sin que ninguno lo vea, y después que ha chupado allí donde solía, echa en la mano la espina o piedra o palo que él traía en la boca, y muéstralo al enfermo diciéndole: "Cata aquí lo que te mataba y causó el mal que tenías"[127]

En la actualidad la práctica sigue casi igual entre los aborígenes amazónicos:

Las enfermedades, concebidas ante todo en forma

126 Blanchard: *op. cit.*, p. 37.
127 Fernández de Oviedo: *op. cit.*, III, pp. 31-33.

de pequeñas astillas negras, que un enemigo ha introducido mágicamente al cuerpo de la víctima, las cura el payé chupando el cuerpo extraño hasta que salga del enfermo...[128]

y este hecho lo refleja la mitología:

Entonces ella lo llevó al payé de su tribu, quien descubrió qué era lo que pasaba, y extrajo el arma, mostrándosela: la sacó del cuerpo del niño chupándola. (Mito caribe *De por qué los niños se enferman y lloran*.)[129]

Aunque Pané no hace alusión al tabaco en su relato, sabemos por Oviedo que éste estaba relacionado a las prácticas chamánicas de curación y comunicación con los cemíes. Oviedo observa esto tanto en la Española como en el golfo de Venezuela, lo que de nuevo confirma, a nivel de creencias, la relación insular/continental. Hoy también está vivo el uso del tabaco en un contexto ritual en los grupos aborígenes de la cuenca amazónica; mencionemos algunos ejemplos: los kógi, los desana y los barasana de Colombia, los guajiro de Venezuela, y los indios guayaneses. Lo mismo podemos decir sobre el uso de alucinógenos (en el caso de los taínos, la cohoba, mencionada por Pané) con fines religiosos, tanto en las Antillas como en el continente.

128 Reichel-Dolmatoff: *op. cit.*, p. 12.
129 Roth: *op. cit.*, p. 181.

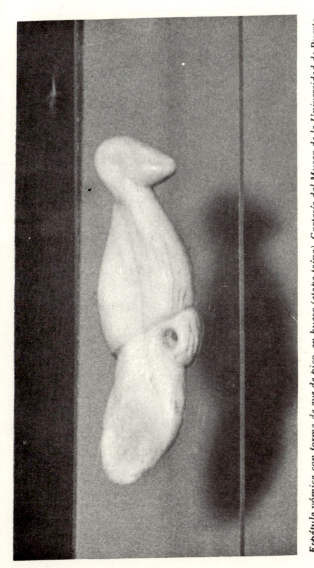

*Espátula vómica con forma de ave de pico, en hueso (etapa taína). Cortesía del Museo de la Universidad de Puerto Rico. Fotografía: Bolívar Aparicio.*

118

## 13. Conclusiones

El intento de ubicar la mitología taína en un contexto más amplio, el continental, no es un mero ejercicio en exotismo. Entendemos que el enfoque comparativo, cuando no se desentiende del cotejo con la historia, la arqueología y la etnografía, ilumina en gran medida el sentido de los mitos.

Gracias al desarrollo que ha tenido la ciencia antropológica en este siglo, sabemos hoy que los mitos no son cuentecitos de pueblos primitivos, sino códigos cuyo desciframiento nos da la clave de la visión del mundo y realidad tanto socio-cultural como ecológica de un pueblo tradicional.[130] Ello no quie-

---

130 He aquí cómo describe el mito la antropología actual:

"El mito cuenta una historia sagrada; relata un acontecimiento que ha tenido lugar en el tiempo primordial, el tiempo fabuloso de los 'comienzos'. Dicho de otro modo: el mito cuenta cómo, gracias a las hazañas de los Seres Sobrenaturales, una realidad ha venido a la existencia, sea ésta la realidad total, el Cosmos, o solamente un fragmento: una isla, una especie vegetal, un comportamiento humano, una institución. Es, pues, el relato de una 'creación', se narra cómo algo ha sido producido, ha comenzado a 'ser'." (Mircea Eliade).

"Enfocado en lo que tiene de vivo, el mito no es una explicación destinada a satisfacer una curiosidad científica, sino un relato que hace revivir una realidad original y que responde a una profunda necesidad religiosa, a aspiraciones morales, a coacciones e imperativos de orden social, e incluso a exigencias prácticas". (Branislav Malinowski).

"El mito es un código inconsciente y racional" (Lévi-Strauss).

"El mito contiene siempre una antropología y una cosmología primitivas (origen y modo de ser del mundo y del hombre)." (E. Cassirer).

"Los mitos nacen espontáneamente en la intersección de dos redes de efectos: los efectos en la conciencia de las relaciones de los hombres entre sí y con la naturaleza, y los efectos del pensamiento sobre esos datos de representación a los que hace entrar

re decir que el mito refleja mecánicamente la sociedad que lo produce, pues en él existen a veces elementos arcaicos e inoperantes: los desana actuales se definen a sí mismos como cazadores, porque su mitología da a ese modo de subsistencia un carácter sagrado, aun cuando son básicamente horticultores y pescadores. Sin embargo, es innegable que la mitología ofrece un filón de indicadores para la reconstrucción de una cultura. Por su condición de reglamentador de la vida social, el mito tiene una clara ambición totalizadora. La mitología de Pané ilustra esto, al reunir múltiples dimensiones de la realidad taína, a saber:

1. *la base de la subsistencia económica:* agricultura (yuca y sus productos, el cazabe) y pesca; se ha trascendido la etapa de caza y recolección.
2. *flora*: jobo, guayaba, yerbas medicinales, cohoba, jagua.
3. *fauna*: cobo, rana, pájaro carpintero.
4. *fenómenos climatológicos tropicales*: huracanes y sequías.
5. *ritos*: ayunos, alucinógenos, curaciones, oración y profecía, lavatorios, ritos de fertilidad o de incorporación a las fuerzas productivas de la sociedad (el matrimonio implica esto).

en la maquinaria compleja de los razonamientos por analogía''. (Maurice Godelier).

6. *prácticas mortuorias*: culto a los antepasados, tipos de enterramiento, endocanibalismo ritual.

7. *sociedad*: práctica de la exogamia y castigo del incesto; estratificación social (el areito está en manos de los señores "principales", y la importancia social del papel de los ancianos apunta a la presencia de un excedente en esta sociedad agrícola); poder centralizado en manos del cacique; tránsito de la sociedad matriarcal (Guabonito entrega las cibas y los guanines a Guahayona) a sociedad patriarcal (la mujer sale de la espalda de Deminán); momento conflictivo para la sociedad taína (rebeliones de Guahayona, Yayael, Deminán)...

8. *representaciones simbólicas de carácter ritual, a las que hoy reconoceríamos su dimención estética*: areitos ("Pues, lo mismo que los moros, tienen su ley compendiada en canciones antiguas, por las cuales se rigen...") y pictografías ("...la cual cueva se llama Iguanaboína, y ellos la tienen en mucha estimación, y la tienen toda pintada a su modo, sin figura alguna, con mucho follaje y otras cosas semejantes".); artesanías varias: tallas de madera (p. 45), trabajo lítico (cemíes, entre ellos el de tres puntas, pp. 42-43); instrumentos musicales (una suerte de atabal llamado *mayohabao*), etc.

Sin perder de vista la advertencia de Cassirer, de

que en el arte primitivo "la imagen todavía no tiene significación independiente puramente estética",[131] podemos apreciar la belleza del mito legítimamente si no lo aislamos de su contexto. Es precisamente la articulación viva entre mito y realidad, manifiesta en la capacidad simbológica y el poder de síntesis o de totalización coherente de la cultura taína, lo que nos permite el goce estético de la mitología que recoge el texto de Pané.

Como latinoamericanos, empeñados todavía en un proceso descolonizador, entendemos que la actualidad del mito está en la profecía de regeneración. A los puertorriqueños la historia se nos convirtió en poesía cuando la insurrección nacionalista de 1950 —hito importante en nuestra ya centenaria lucha de liberación nacional— salió de un barrio con nombre de paraíso taíno: Coabey, en Jayuya.

Hato Rey, Puerto Rico
Julio de 1976

---

[131] Cassirer: *op. cit.*, II, p. 47.

# BIBLIOGRAFIA

Adam, Lucien: *Matériaux pour servir à l'établissement d'une grammaire comparée des dialectes de la famille Caribe*, Bibliothèque Linguistique Américaine, Tome XVII, Paris, J. Maisonneuve, Libraire-Editeur, 1893, 139 p.

Alegría, Ricardo: *La situación actual de los estudios arqueológicos en Puerto Rico*, conferencia del 18 de septiembre de 1975 en el curso sobre "Las literaturas de la conquista" de la profesora Mercedes López-Baralt, Universidad de Puerto Rico.

——————— : *Nuestros taínos y los de la Española*, Claridad, Puerto Rico, 19 de noviembre de 1975.

Armellada, Fr. Cesáreo de/Bentivenga de Napolitano, Carmela: *Literaturas indígenas venezolanas (Visión panorámica actual de las literaturas indígenas venezolanas)*, Caracas, Instituto Venezolano de Lenguas Indígenas, Universidad Católica "Andrés Bello", Monte Avila Editores, 1975, 359 p.

Arrom, José Juan: *Mitología y artes prehispánicas de las Antillas, México-España-Argentina, Siglo XXI, 1975, 359 p.*

Blanchard, François (Señor de la Borde): *Relation de l'origine, moeurs, coustumes, religion, guerres et voyages des Caraibes, sauvages des isles Antilles de l'Amerique.* Primera traducción al español por Manuel Cárdenas Ruiz: *La relación sobre los caribes del señor de la Borde*, Revista del Instituto de Cultura Puertorriqueña, San Juan de Puerto Rico, núm. 62, enero-marzo 1974, pp. 33-48.

Bouton, Jacques: *Relation de L'Establissement des Français Depuis L'an 1635 en L'Isle de la Martinique*

124

*une des Antilles de L'Amerique.* Fragmento traducido al español por Manuel Cárdenas Ruiz: *Jacques
Bouton, primer cronista francés del Caribe,* Revista
del Instituto de Cultura Puertorriqueña, San Juan de
Puerto Rico, núm. 60, julio-septiembre 1973, pp. 37-43.

Brett, Rv. W.H.: *The Indian Tribes of Guiana,* New
York, Robert Carter, 1852, 352 p.

Cassá Roberto: *Los taínos de la Española,* Santo Domingo, Universidad Autónoma, 1974, 272 p.

Cassirer, Ernst: *Antropología filosófica,* México, Fondo
de Cultura Económica, 1974, 334 p.

————— : *Filosofía de las formas simbólicas, II:
El pensamiento mítico,* México, Fondo de Cultura
Económica, 1972, 319 p.

Colón, Cristóbal: *Los cuatro viajes del Almirante y su
testamento,* Madrid, Espasa-Calpe, 1964, 221 p.

Colón, Hernando: *Historia del Almirante don Cristóbal Colón,* II, Madrid, Librería General de Victo-
riano Juárez, 1932, 442 p.

Chagnon, Napoleón: *Yanomamö. The Fierce People,*
New York-Chicago-San Francisco, Holt, Rinehart
and Winston, 1968, 141 p.

Dalton, Henry G.: *The History of British Guiana,* I.
London, Longman, Green and Longmans, 1855,
518 p.

De Armas Chitty, J.A.: *Guayana: su tierra y su historia,*
I, Caracas, Ministerio de Obras Públicas, 1964, 257 p.

De la Vega Inca, Garcilaso: *Comentarios reales,* Puebla
(México), José M. Cajica Jr., tomo I, 1953, 363 p.

Díaz del Castillo, Bernal: *Historia verdadera de la conquista de la Nueva España,* Madrid, Espasa-Calpe,
1968, 636 p.

Eliade, Mircea: *El mito del eterno retorno,* Madrid-
Buenos Aires, Alianza/Emecé, 1972, 174 p.

——————— : *Mito y realidad*, Madrid, Guadarrama, 1973, 239 p.

Evans, Clifford/Meggers, Betty: *Archaelogical Investigations in British Guiana*, Washington, Smithsonian Institute, Bureau of American Ethnology, Bulletin 177, 1960, 428 p.

Fernández de Oviedo, Gonzalo: *Historia general y natural de las Indias*, Madrid, Biblioteca de autores españoles, 1959, tomos I al V.

Fernández Retamar, Roberto: *Calibán*, Montevideo, Aquí Testimonio, 1973, 97 p.

Godelier, Maurice: *Economía, fetichismo y religión en las sociedades primitivas*, México-Argentina-España, Siglo XXI, 1974, 391 p.

——————— : *Esquema de evolución de las sociedades*, Guadalajara, vs. publicada con autorización del Instituto del Libro de La Habana, Cuba.

Krickeberg, Walter: *Mitos y leyendas de los aztecas, incas, mayas y muiscas*, México, Fondo de Cultura Económica, 1971, 267 p.

Las Casas, Fray Bartolomé de: "Apologética historia", en *Obras escogidas*, tomos III y IV, Madrid, Biblioteca de autores españoles, 1958.

——————— : "Historia de las Indias", en *Obras escogidas*, tomos I y II, Madrid, 1957 y 1961.

León-Portilla, Miguel: *La filosofía náhuatl estudiada en sus fuentes*, México, UNAM, Instituto de Investigaciones Históricas, Serie de cultura náhuatl, Monografías: 10, 1974, 411 p.

Lévi-Strauss, Claude: *Mitológicas, I. Lo crudo y lo cocido*, México, Fondo de Cultura Económica, 1972, 395 p.

——————— : *Mitológicas, II. De la miel a las cenizas*, México, Fondo de Cultura Económica, 1972, 438 p.

126

_____: *Mitológicas, III. El origen de las maneras de mesa*, México, Siglo XXI, 1970, 495 p.

_____: *Tristes trópicos*, Buenos Aires, EUDEBA, 1973, 419 p.

Malinowski, Bronislav: "El problema del significado en las lenguas primitivas", en *El significado del significado*, Buenos Aires, Paidós, 1954, pp. 310-352.

Mártir de Anglería, Pedro: *Edición facsimilar del Epítome de Pedro Mártir de las islas recientemente descubiertas bajo el reino de don Carlos y de las costumbres de los habitantes*, México, Editorial Juan Pablos, MCMLXXIII, 88 p.

Meggers, Betty: *Prehistoric America*, Smithsonian Institute, Chicago, Aldine Publishing Co., 1972, 199 p.

Mounin, Georges: *Los problemas teóricos de la traducción*, Madrid, Gredos, 1971, 337 p.

Oberg, Kalervo: "Types of Social Structure Among the Lowland Tribes of South and Central America, en *Peoples and Cultures of Native South America*, de D.R. Gross, N.Y., Doubleday, The Natural History Press, 1973.

Pané, Fray Ramón: *Relación acerca de las antigüedades de los indios*, México, Siglo XXI, 1974, 125 p.

Popol Vuh: *Las antiguas historias del quiché*, edición de Adrián Recinos, México, Fondo de Cultura Económica, 1974, 185 p.

Reichel-Dolmatoff, Gerardo: *Desana. Simbolismo de los indios Tukano del Vaupés*, Bogotá, Universidad de los Andes, Departamento de Antropología, 1968, 270 p.

_____: *Los Kógi*, Bogotá, 1950/51, dos volúmenes.

_____: "The Agricultural Basis of the Sub-Andean Chiefdoms of Colombia", en *Peoples and Cultures of Native South America,* de D.R. Gross, N.Y., Doubleday, The Natural History Press, 1973.

Ribeiro, Darcy: *El proceso civilizatorio. Etapas de la evolución sociocultural,* Ediciones de la Biblioteca de la Universidad Central de Venezuela, 1973, pp. 5-81.

Roth, Walter E.: *An Introductory Study of the Arts, Crafts and Customs of the Guiana Indians,* Thirty-eight annual report of the Bureau of American Ethnology to the Secretary of the Smithsonian Institute (1916-1917), Washington, Government Printing Office, 1924, 745 p.

——————— : *The Animism and Folklore of the Guiana Indians,* New York, Johnson Reprint Corporation, 1970, 453 p. (Smithsonian: 1915).

Rouse, Irving: *Prehistory of the West Indies,* Science, vol. 144, nº 3618, May 1, 1964, pp. 499-513.

——————— : "The Arawak", en *Handbook of South American Indians,* de Julian Steward, Washington, Smithsonian Institute, vol. IV, 1948, pp. 507-539.

——————— : "The Carib", en *Handbook of South American Indians,* de Julian Steward, Washington, Smithsonian Institute, 1948, vol. IV, pp. 547-565.

Schomburgk, Richard: *Travels in British Guiana (During the Years 1840-1844),* I y II, Leipzing, J.J. Weber, 1847 y 1848, 419 p. y 343 p.

Schwerin, Karl H.: "Arawak, Caribe, Ge, Tupis: Cultural Adaptation and Culture History in the Tropical Forest, South America", en *International Congress of Americanists Proceedings,* nº 39, vol. 4, pp. 39-57.

Séjourné, Laurette: *América Latina, I. Antiguas culturas precolombinas,* México, España, Siglo XXI, 1971, 331 p.

Smith, Raymond T.: *British Guiana,* London-NY-Toronto, Oxford University Press, 1962, 218 p.

128

Steward, Julian: *Handbook of South American Indians,* Washington, Smithsonian Institute.

Sued-Badillo, Jalil: *Caribes y Amazonas: dos vertientes de un mismo mito,* conferencia del 2 de octubre de 1975 en el curso sobre "Las literaturas de la conquista" de la profesora Mercedes López-Baralt, Universidad de Puerto Rico.

_____ : *La industria lapidaria pretaína en las Antillas,* ponencia presentada en el XLI Congreso Internacional de Americanistas, Ciudad de México, del 2 al 7 de setiembre de 1974, 51 p.

_____ : *Los orígenes indígenas de la cultura puertorriqueña,* seminario graduado ofrecido en la Facultad de Ciencias Sociales de la Universidad de Puerto Rico, recinto de Río Piedras (agosto a diciembre de 1975).

Torres Laborde, Alfonso: *Mito y cultura entre los Barasana, un grupo indígena tukano del Vaupés,* Bogotá, Ediciones Universidad de los Andes, 1969, 182 p.

Veloz Maggiolo, Marcio: *Arqueología prehistórica de Santo Domingo,* Singapore, McGraw-Hill Far Eastern Publishers (S) Ltd., 1972, 384 p.

Willey, Gordon: "The South American Tropical Lowlands", en *An Introduction to American Archaelogy,* II, New Jersey, Prentice-Hall, pp. 306-394.

**LEVI-STRAUSS EN LAS ANTILLAS**
El mito taíno en la crónica
de Fray Ramón Pané

En 1949 Alejo Carpentier propone, desde su
prólogo a *El reino de este mundo*, que la historia de
América no es sino una crónica de lo real maravilloso[1]. Años más tarde anuncia que el narrador
latinoamericano ha de asumir el rol de nuevo cronista de Indias[2], lo que cumple casi literalmente en
una de sus últimas novelas— *El arpa y la sombra*—
al reescribir la gesta colombina. Asturias y Arguedas
recrean el mundo de la arcadia nativa en sus obras,
mientras Neruda renueva la promesa mesiánica
andina en "Alturas de Macchu Picchu". García
Márquez estructura *Cien años de soledad* a partir de
la noción tradicional de tiempo cíclico y carnava-
liza fragmentos del diario del Almirante en *El
otoño del patriarca*[3]. Si la literatura latinoamericana del siglo XX supone un regreso a la escritura
colonial, o en palabras de Carlos Fuentes, al mito

[1] Alejo Carpentier: "De lo real maravilloso americano", (1949),
*Tientos y diferencias*, Buenos Aires, Calicanto, 1978: 99.
[2] Alejo Carpentier: "El papel del escritor latinoamericano". Conferencia leída en Yale University el 30 de marzo de 1979. El periódico
puertorriqueño *Claridad* la publicó en dos partes en su sección "En
Rojo": 5 a 11 y 12 a 18 de diciembre de 1980.
[3] Gabriel García Márquez: *El otoño del patriarca*, Buenos Aires,
Sudamericana, 1975:44-45.

fundacional de América, se impone una nueva
mirada al género que inaugura el mestizaje en nuestras letras: la crónica indiana. Pretendemos acercar-
nos al primer corpus mítico americano en sufrir la
traslación de códigos que va de la tradición oral a la
escritura. Nuestro intento de descodificación de los
mitos recogidos por Fray Ramón Pané en la Española entre 1495 y 1498 por mandato de Colón busca
ilustrar el proceso semiótico en que se inscribe
buena parte de nuestra aventura literaria actual.

La crónica de Indias— clasificada tradicional-
mente por tipologías que siguen criterios geográficos o intencionales (general *vs.* particular, oficial *vs.*
privada) —se caracteriza por una complejidad insó-
lita: ambigüedad genérica y discursiva (incide en la
historia y la literatura); multiplicidad idiomática
(el léxico, y en casos extremos, las estructuras sin-
tácticas indígenas, invaden el texto castellano), e
incluso articulación de códigos distintos (el icónico
y el lingüístico; piénsese en la *nueva coronica* de
Guamán Poma). Como género de vocación antropológica —su propósito es noticiar el Nuevo
Mundo ante los ojos de Europa— en ocasiones
exhibe el problema de la autoría dual.[4] Primer
ejemplo de ello lo es la crónica de Pané.

Debemos a José Juan Arrom una cuidadosa edi-

[4] Ver, sobre el problema del género, a Walter Mignolo: "El meta-
texto historiográfico y la historiografía indiana" (*Modern Language
Notes*, Vol. 96, 1981: 358-402) y Mercedes López-Baralt: "La crónica de
Indias como género problemático" (*Reintegro*, San Juan, Puerto Rico,
Año II, Núm. 3, 1982: 26-28).

ción anotada de la *Relación acerca de las antigüedades de los indios,* que citaremos en adelante, así como un estudio etnohistórico que confronta el mito con las fuentes arqueológicas. Ricardo Alegría y la autora de estas líneas han trazado el parentesco cultural entre la mitología amazónica y la arahuaca insular o taína que transcribe Pané, mientras que Eugenio Fernández Méndez ha atendido en el texto las manifestaciones del contacto entre las Antillas y Mesoamérica.[5]

Al hablar de la autoría dual —problema que ha inhibido considerablemente un acercamiento literario al género— no aludimos a dos autores individuales sino a dos posturas culturales que producen dos textos distintos. El texto de Pané incluye tanto la narración de mitos taínos (introducción, capítulos 1-13, 20-25) como las observaciones que hace el fraile —en calidad de etnógrafo novel— sobre el mundo ritual antillano (capítulos 14-19, 25-26). Esto quiere decir que aunque Pané sea el autor directo y principal de la crónica, hay un autor secundario, colectivo: el pueblo taíno, que produce

[5] Nos referimos a José Juan Arrom: introducción y notas a la *Relación acerca de las antigüedades de los indios,* de Fray Ramón Pané (México-Madrid-Buenos Aires-Bogotá, Siglo Veintiuno, 1974: 125p.) y *Mitología y artes prehispánicas de las Antillas* (México-Madrid-Buenos Aires-Bogotá, Siglo Veintiuno, 1975: 191p.); Mercedes López-Baralt: *El mito taíno: raíz y proyecciones en la Amazonia continental* (Río Piedras, Puerto Rico, Huracan, 1977: 108p.); Ricardo Alegría: *Apuntes en torno a la mitología de los indios taínos de las Antillas Mayores y sus orígenes suramericanos* (Centro de Estudios Avanzados de Puerto Rico y el Caribe, 1978: 179p.); Eugenio Fernández Méndez: *Art and Mythology of the Taino Indias of the Greater Antilles* (San Juan, Puerto Rico, El Cemí, 1972: 95p.).

los mitos que los informantes indígenas recitan o cantan a aquél. Porque Pané no resume estos relatos: aunque limitada por problemas lingüísticos y culturales de traducción, así como por cierto fragmentarismo, se trata de una transcripción:

> Y como no tienen letras ni escrituras, no saben contar bien tales fábulas, ni yo puedo escribirlas bien. Por lo cual creo que pongo primero lo que debiera ser último y lo último primero. Pero todo lo que escribo así lo narran ellos como lo escribo, y así lo pongo como lo he entendido de los del país. (p. 26)

Pané distingue explícitamente las dos dimensiones de su relato, la observación de primera mano y la transcripción de areitos:

> Porque yo lo he visto en parte con mis ojos, bien que de las otras cosas conté solamente lo que había oído a muchos, en especial a los principales, con quien he tratado más que con los otros. Pues, lo mismo que los moros, tienen su ley compendiada en canciones antiguas, por las cuales se rigen, como los moros por la escritura. Y cuando quieren cantar sus canciones, tocan cierto instrumento, que se llama mayohabao... A su son cantan las canciones, que aprenden de memoria; y lo tocan los hombres principales, que aprenden a tañerlo desde niños y a cantar con él, según su costumbre. (pp. 33-34)

A este pasaje, que anticipa en cinco siglos la definición que Malinowski hace de todo corpus mítico como un código de reglamentación social[6], hemos de volver en un momento para discernir las implicaciones de la posición jerárquica de los informantes.

La autoría dual convierte a la crónica de Pané en germen del mestizaje que caracteriza a nuestras letras, y que va más allá de lo meramente literario. Habría que ampliar la noción de Federico de Onís que lo concibe como la coexistencia de formas, retóricas o códigos occidentales en un movimiento, un autor o una obra individual, y pensar el mestizaje también en términos culturales. Como la crónica indiana, nuestra literatura contemporánea opera sobre la negación del principio de contradicción entre discursos de procedencias diversas. Y no sólo se trata de literaturizar lo indígena: la celebración de la otredad abarca también las cosmogonías africanas, sin las que es imposible entender a un Jorge Amado o al mismo Carpentier.

Si el estudio de las literaturas nativas desde una perspectiva occidental está limitado por problemas de traducción que inciden en lo lingüístico, lo estético y lo cultural[7], el acercamiento al mito taíno es particularmente difícil. Primero, porque el pueblo que produjo estos textos desapareció en el siglo

[6] Branislav Malinowski: *Science, Magic and Religion*, New York, Doubleday Anchor Books, 1954: 101.

[7] Mercedes López-Baralt: "Notas sobre problemas interpretativos ligados a la traducción: el caso de la literatura oral amerindia", *Sin nombre*, San Juan, Puerto Rico, Vol. X, Núm. 4, enero-marzo 1980: 49-70.

XVI, y con él, su contexto referencial. En segundo lugar, porque contamos con una fuente única: el texto de Pané[8], cuyo manuscrito original se ha perdido. Tenemos que vérnoslas pues con una traducción de traducciones: Pané, catalán, escribe en español traduciendo lo que entiende del taíno. Luego somete su relación al Almirante, cuyo hijo Fernando la incluye completa en la historia que escribe sobre aquél. Este manuscrito se pierde a su vez, no sin antes ser traducido al italiano por Antonio de Ulloa (1571) y resumido en español por el padre Las Casas y en latín por Mártir de Anglería. A partir de estas tres últimas fuentes José Juan Arrom reconstruye el texto en la edición citada. Como si esto fuera poco, carecemos de diccionarios y gramáticas para el arahuaco de las Antillas Mayores. Queda el problema del etnocentrismo del transmisor y del lector. En el caso de Pané fue mínimo; aspiramos a otro tanto.

Sin embargo, no faltan caminos para iluminar el texto. Por una parte, el método etnohistórico, que intenta reconstruir una cultura tradicional ya desaparecida o alterada considerablemente tras la conquista, para lo cual combina información de fuentes diversas: la tradición oral, la historia, la arqueología y la etnografía. Para entender los textos nativos que recoge Pané nos vemos precisados a confrontar el mito con las crónicas coetáneas, los restos de la cultura material taína del siglo XV y las

---

[8] Las otras crónicas que describen el mundo antillano se refieren a los mitos sin transcribir los textos mismos.

descripciones de culturas de la cuenca amazónica, emparentadas con nuestros arahuacos. En cuanto a la tradición oral en la que bebe el cronista, debemos recordar que insiste una y otra vez en que sus informantes son "señores principales". La condición social de los mismos está en relación directa con el carácter estereotipado del canto. Vansina distingue entre tradición oral oficial o sagrada y tradición oral profana. Contrario a ésta, junto a la cual puede coexistir, la primera tiene un carácter de saber especializado, arcano, y suele darse en pueblos con estado o al menos un germen de estratificación social, funcionando como mecanismo de control en manos del grupo que ostenta el poder. Se guarda en la memoria por especialistas exentos de las tareas productivas tras un entrenamiento formal y prolongado, y se recita ritualmente sin que sea permisible alterar el texto en lo más mínimo.[9] El hecho de que éste haya sido el tipo de tradición oral a la que Pané tuvo acceso hace plausible que el fraile la transcribiera fielmente.

Otras vías de acceso al corpus mitológico de Pané son la lingüística comparada y la teoría del mito. Arrom ha abierto brecha en la primera, proponiendo etimologías para los nombres de las deidades antillanas a partir del arahuaco continental. Nos parece oportuno transitar el segundo camino, ya que si los mitos exhiben estructuras universales,

[9] Jan Vansina: *Oral Tradition. A Study in Historical Methodology*, London, Routledge and Kegan Paul, 1961.

como puede desprenderse de los trabajos de Lévi-Strauss y Mircea Eliade, contamos entonces con una clave para descodificar los textos taínos de nuestra primera crónica indiana.

Comencemos por uno de los temas más recurrentes en el mito, el movimiento de la naturaleza a la cultura o lo que Lévi-Strauss ha llamado el paso de lo crudo a lo cocido.[10] Partiendo de una intuición de Arrom, que percibe este mensaje en el mito de la conquista de los bienes culturales (capítulo XI)[11], haremos una nueva lectura del mito de origen para el pueblo taíno, consignado en los tres primeros capítulos. Lo citamos íntegro:

> La Española tiene una provincia llamada Caonao, en la que está una montaña, que se llama Cauta, que tiene dos cuevas nombradas Cacibajagua una y Amayaúna la otra. De Cacibajagua salió la mayor parte de la gente que pobló la isla. Esta gente, estando en aquellas cuevas, hacía guardia de noche, y se había encomendado este cuidado a uno que se llamaba Mácocael; el cual, porque un día tardó en volver a la puerta, dicen que se lo llevó el Sol. Visto, pues, que el Sol se había llevado a éste por su mala guardia, le cerraron la puerta; y así fue transformado en piedra cerca de la puerta. Después dicen que otros, habiendo ido a pescar, fueron presos por el Sol, y se convirtieron en árboles que ellos llaman jobos, y de otro modo se llaman mirobálanos. El motivo por el cual Mácocael velaba y hacía la guardia era para ver a qué parte mandaría o

[10] Claude Lévis-Strauss: *Mitológicas. Lo crudo y lo cocido*, México, Fondo de Cultura Económica, 1968: 394p.
[11] Arrom: 1975, 143.

repartiría la gente, y parece que se tardó para su mayor mal. (I: 22-23)

Sucedió que uno, que tenía por nombre Guaha-yona, dijo a otro, que se llamaba Yahubaba, que fuese a coger una hierba llamada digo, con la que se limpian el cuerpo cuando van a lavarse. Este salió antes de amanecer, y le cogió el Sol por el camino, y se convirtió en pájaro que canta por la mañana, como el ruiseñor, y se llama yahubabayael. Guaha-yona, viendo que no volvía el que había enviado a coger el digo, resolvió salir de la dicha cueva Caci-bajagua. (II: 23)

Y dijo a las mujeres: "Dejad a vuestros maridos, y vámonos a otras tierras y llevemos mucho güeyo. Dejad a vuestros hijos y llevemos solamente la hierba con nosotros, que después volveremos por ellos." (III: 23)

Aunque separados por varios capítulos, ambos mitos —el de origen y el de la conquista de los bienes culturales— son las dos caras del tránsito de lo crudo a lo cocido, y hay que leerlos juntos.

El origen del pueblo taíno se concibe sin un proceso directo de creación por los dioses, como el que se da en el caso del *Popol Vuh*. Los hombres, ya existentes, se activan al salir de cuevas o del seno de la madre tierra. El hecho emparenta el mito ara-huaco con la mitología sudamericana, tanto ama-zónica como andina: lo mismo sucede en relatos chibchas, barasanas, mapoyes, achaguas e incaicos.[12]

---

[12] Mercedes López-Baralt: 1977, 26-30.

De Cacibajagua, una de las dos cuevas de la montaña Cauta en la provincia Caonao, salen los pobladores de La Española. De la otra cueva —mencionada por su nombre, Amayaúna— no se nos dice más. Arrom infiere que de allí saldrían los grupos no taínos (macurijes y ciguayos) que habitaban una extensión menor de la isla.[13] Interesantemente, en el mito de creación se establece la más primitiva de las clasificaciones culturales, que como apunta Juri Lotman, es espacial: nosotros *versus* los otros.[14] Los taínos son los héroes del relato de Pané; a los demás grupos no se les reconoce status cultural y por lo tanto no figuran en el mismo.

La dialéctica orden/desorden/orden, que caracteriza al mito, en este caso asume una de sus formas típicas: prohibición/transgresión/castigo o premio. Los taínos primitivos viven en cuevas, y sólo pueden salir de noche para entregarse a las tareas de subsistencia: la pesca y la recolección. A Mácocael le toca supervisar y distribuir las labores productivas desde la puerta de la cueva. La violación del tabú solar acarrea transformaciones que siguen la gradación de los reinos mineral, vegetal y animal: Mácocael se convierte en piedra, otros en jobos y finalmente Yahubaba se transforma en pájaro de la mañana. El único que logra salir de la cueva sin sufrir este castigo y llevándose en premio a las muje-

[13] Arrom: 1975, 147-148.
[14] Juri Lotman: "On the Metalanguage of a Typological Description of Culture", *Semiotica*, Mouton, The Hague, 1975, 14(2): 97-123.

res del grupo es el héroe cultural Guahayona, cuya trayectoria seguiremos más adelante.

La primera manera de ser de los taínos coincide con la etapa de lo crudo, ya que viven en un estado natural, sin domesticación ni de la flora ni de la fauna. La noche y las cuevas son las manifestaciones del caos previo a la verdadera creación, que tiene lugar en el mito en el que los cuatro hermanos Caracaracol, con Deminán a la cabeza, pretenden adquirir el cazabe. Lee como sigue:

Estos, tan pronto como llegaron a la puerta de Bayamanaco, y notaron que llevaba cazabe, dijeron: "Ahiacabo guárocoel", que quiere decir: "Conozcamos a este nuestro abuelo". Del mismo modo Deminán Caracaracol, viendo delante de sí a sus hermanos, entró para ver si podía conseguir algún cazabe, el cual cazabe es el pan que se come en el país. Caracaracol, entrado en casa de Bayamanaco, le pidió cazabe, que es el pan susodicho. Y éste se puso la mano en la nariz, y le tiró un guanguayo a la espalda: el cual guanguayo estaba lleno de cohoba, que había hecho hacer aquel día; la cual cohoba es un cierto polvo, que ellos toman a veces para purgarse y para otros efectos que después se dirán. Esta la toman con una caña de medio brazo de largo, y ponen un extremo en la nariz y el otro en el polvo; así lo aspiran por la nariz y esto les hace purgar grandemente. Y así les dio por pan aquel guanguayo, en vez del pan que hacía; y se fue muy indignado porque se lo pedían... Caracaracol, después de esto, volvió junto a sus hermanos, y les contó lo que le había sucedido con Bayamanacoel, y del golpe que le había dado con el guanguayo en la espalda, y que le dolía fuertemente. Entonces sus hermanos le miraron la espalda, y vieron que la

tenía muy hinchada; y creció tanto aquella hinchazón que estuvo a punto de morir. Entonces procu-
raron cortarla, y no pudieron; y tomando un hacha
de piedra se la abrieron, y salió una tortuga viva,
hembra; y así se fabricaron su casa y criaron la
tortuga. (XI: 30-31)

El relato es una variante de todo un corpus mítico
que sobre la conquista del cazabe han elaborado las
culturas de la yuca en el área amazónica. Como tal,
exhibe la estructura típica de su clase: hay un
anciano o anciana, con la autoridad que le da el
poseer los secretos civilizatorios (en este caso, Bayamanaco). Se le acercan uno o varios jóvenes (Deminán y sus hermanos) que desean poseer dichos
bienes. Los bienes incluyen: un alimento esencial
(la yuca) y el fuego para cocerlo (en este caso, implícito, porque lo que se pide es cazabe). El traspaso de
estos bienes está prohibido (nótese la indignación
que sufre Bayamanaco al escuchar la pretensión de
Deminán). El medio de conseguirlos es el robo o la
petición (en este caso, ésta última). Tras la conquista de los bienes culturales o su intento viene el
castigo, que puede ser, como vemos aquí, ambiguo:
el esputo que lanza Bayamanaco está lleno de
cohoba (el alucinógeno ritual, otro bien de cultura)
y de la hinchazón en la espalda de Deminán, causada por el esputo, saldrá la tortuga hembra (otro
bien, las mujeres).[15]

El cazabe —producto de una agricultura que

[15] Mercedes López-Baralt: 1977, 56-57.

empieza a ser intensiva— también es el resultado de un procesamiento complicado al que hay que someter a la yuca para separar su veneno de la pulpa comestible antes de convertirla en harina para confeccionar el pan nativo. Por otra parte, el ritual de la cohoba, que está en manos de especialistas o "señores principales", forma parte de un ceremonialismo en vías de centralizarse. Todo ello metaforiza el estadio de cultura al que acceden los taínos después del diluvio y que propicia la creación de una nueva humanidad: con la tortuga hembra, fruto del esputo-semen de Bayamanaco, los hermanos habrán de fabricar su casa o fundar su linaje.

Los próximos dos mitos que examinaremos recrean dos ritos de paso fundamentales en la sociedad taína: la instalación del poder cacical (capítulo VI) y el acceso a la pubertad (capítulos VII y VIII). En su libro del mismo título, Arnold Van Gennep definió los ritos de paso como aquellas ceremonias que marcan cambios de lugar, estado, posición social y edad, creando fronteras súbitas o culturales en las transiciones humanas que suelen ser graduales, y en muchos casos, naturales.[16] Aunque son más frecuentes en sociedades tradicionales, no hay cultura que no reitere sus mensajes más importantes a través de estos ritos periódicos. En Occidente tenemos bautizos, fiestas para debutantes, graduacio-

[16] Arnold Van Gennep: *Les Rites de Passage*, The University of Chicago Press, 1975: 198p. Para una elaboración posterior del tema, consultar a Victor Turner: "Betwixt and Between: the Liminal Period in Rites de Passage" (*The Forest of Symbols. Aspects of Ndembu Ritual*, Ithaca, New York, Cornell University Press, 1974: 93-111).

nes, bodas, ordenaciones de religiosos, coronaciones, tomas oficiales de poder por parte de funcionarios civiles y eclesiásticos, y funerales, por sólo mencionar unos pocos ejemplos en la extensa gama de ritos de este tipo.

A Van Gennep le debemos la descripción de la estructura del rito de paso tradicional y del complejo simbólico que suele asociarse a cada una de sus etapas. La ceremonia presenta tres pasos, en un ciclo en el que están implícitos la muerte y la resurrección del neófito. La primera etapa, de *separación*, es el momento en que éste renuncia a su estado anterior, o muere para él. Simbólicamente se expresa mediante lavatorios o el despojo de las vestiduras propias del rol que ahora se abandona. Le sigue la etapa que Van Gennep denomina *liminal,* del término latino ''limen'', que quiere decir ''umbral'' o frontera entre dos espacios distintos. En esta etapa el sujeto ritual está en una especie de limbo: ha dejado de ser lo que era sin convertirse aún en lo que será. La situación, peligrosa, asume signos de ambigüedad: se le coloca en un recinto cerrado análogo al útero materno (metafóricamente se trata de una etapa de gestación) y se le suelen otorgar ropas o adornos tanto masculinos como femeninos. En la tercera etapa, de *incorporación,* el neófito accede o nace finalmente al nuevo status, y obtiene sus símbolos: un nuevo nombre, nuevas vestiduras o distintivos especiales.

Veamos primero el mito de la instalación del poder cacical:

Dicen que estando Guahayona en la tierra adonde

había ido, vio que .había dejado en el mar una mujer, de lo cual tuvo gran placer, y al instante buscó muchos lavatorios para lavarse, por estar lleno de aquellas llagas que nosotros llamamos mal francés. Ella le puso entonces en una guanara, que quiere decir lugar apartado; y así, estando allí, sanó de sus llagas. Después le pidió licencia para seguir su camino y él se la dio. Llamábase esta mujer Guabonito. Y Guahayona se cambió el nombre, llamándose de ahí en adelante Albeborael Guahayona. Y la mujer Guabonito le dio a Albeborael Guahayona muchos guanines y muchas cibas, para que las llevase atadas a los brazos, pues en aquellas tierras las cibas son de piedras que se asemejan mucho al mármol, y las llevan atadas a los brazos y al cuello, y los guanines los llevan en las orejas, haciéndose agujeros cuando son pequeños, y son de metal casi como de florín. El origen de estos guanines dicen que fueron Guabonito, Albeborael Guahayona y el padre de Albeborael. Guahayona se quedó en la tierra con su padre, que se llamaba Hiauna. Su hijo por parte de padre se llamaba Híaguaili Guanín, que quiere decir hijo de Hiauna, y desde entonces se llamó Guanín, y así se llama hoy día. (VI: 25-26)

Reconocemos aquí a Guahayona, el héroe del mito de origen, que ha seguido una trayectoria de ascenso hacia el poder que cuenta las siguientes etapas: 1. toma las prerrogativas de Mácocael cuando éste se convierte en piedra: reglamentar las salidas de la cueva y las actividades fuera de ésta; 2. es el primero en violar el tabú del sol al salir de la cueva de día y sin consecuencias; 3. rapta a las mujeres del grupo; 4. engaña y mata a su cacique Anacacuya; 5. rapta a las mujeres de éste; 6. vence la

enfermedad contraída como castigo al incesto; 7.
adquiere un nuevo nombre al superar la enfermedad; y 8. Guabonito lo inviste con los símbolos del
poder cacical, las cibas y los guanines.[17]

Las implicaciones de los pasos del ascenso de
Guahayona son interesantes en la medida en que
nos dan una idea del carácter del poder cacical. Los
pasos 2, 6 y 7 aluden a la condición cuasi sagrada del
cacique, asociado, en lo que a poder se refiere, a las
deidades. Al violar el tabú del sol sin sufrir castigo
(2), se está igualando a dicho cemí; y al vencer la
sífilis, cuya manifestación es cutánea (6), adquiere
una nueva piel, hecho que tiene claras connotaciones de inmortalidad en muchas de las mitologías
amazónicas, entre ellas la de los arahuacos guayaneses que describe Walter Roth[18]. El nombre que
adquiere al superar la enfermedad —otra costumbre arahuaca continental— se suma a los que ya
tenía: *Albeborael* Guahayona *Híaguaili Guanín*.
Si tomamos en cuenta el hecho de que la cantidad
de nombres es símbolo de status en las sociedades
indígenas (Mártir la señala como uno de los símbolos del poder cacical)[19], tenemos que advertir que
Guahayona ya tiene cuatro nombres, lo que lo
iguala al cemí más importante del panteón taíno: el
que abre el relato de Pané en la introducción de la
crónica, Yúcahu Bagua Máorocoti, o Yucahu-

---

[17] Mercedes López-Baralt: 1977, 41.
[18] *Ibid*,: 71.
[19] Pedro Mártir de Anglería: *Décadas del Nuevo Mundo*, Buenos
Aires, Bajel, 1944: 675p.

guamá, el dios de la yuca y la pesca, la agricultura y el mar, según la interpretación de Arrom.

El paso 4 —el asesinato de Anacacuya— connota conflictos en la sucesión del poder cacical, mientras que los pasos 3 y 5 notician las prerrogativas políticas económicas implícitas en el mismo. Uno de los privilegios de los caciques, seqún Oviedo, es la poligamia.[20] Las implicaciones económicas de esta prerrogativa están en el acaparamiento de destrezas y labor. El primer paso, en el que Guahayona asume el mando que abandona Mácocael, además de significar la cualidad moral de iniciativa necesaria para un líder político, alude a las tareas propias de los nitainos o subcaciques: la de planificar la actividad laboral.[21] De este nivel Guahayona asciende hasta tomar posesión de las cibas y los guanines, símbolos del poder supremo en la sociedad taína, a la vez sagrado y secular (8). La descripción del intercambio oficial entre Colón y Guacanagarí durante el segundo viaje, hecha por Las Casas, es clave para el esclarecimiento de la investidura de Guahayona como cacique, ya que no sólo hace alusión a objetos de oro que podrían estar relacionados con los guanines, sino también a las cibas:

Pasada la plática, hizo un presente al Almirante de

[20] Gonzalo Fernández de Oviedo: *Historia general y natural de las Indias*, Madrid, Biblioteca de Autores Españoles, 1959, I: 118.
[21] Marcio Veloz-Maggiolo: *Arqueología prehistórica de Santo Domingo*, Singapore, MacGraw-Hill Far Eastern Publishers (S) Ltd. 1972: 234.

ochocientas cuentas menudas de piedras, que ellos preciaban mucho y las llamaban cibas, y ciento de oro, y una corona de oro y tres calabacillas, que llamaban hibueras, llenas de granos de oro, que todo pesaría hasta cuatro marcos, que eran doscientos castellanos o pesos de oro. El Almirante dio a Guacanagarí muchas cosas de las nuestras de Castilla, como cuentas de vidrio y cuchillos y tijeras, cascabeles, alfileres, agujas, espejuelos, que valdría todo hasta cuatro que cinco reales, y con ello pensaba Guacanagarí que quedaba muy rico.[22]

Ya en los apuntes del 30 de diciembre de 1492, correspondientes al primer viaje, Colón había descrito una entrevista previa con el mismo cacique, en la que éste le obsequia "dos grandes plastas de oro"[23]; podría tratarse de guanines: téngase en cuenta que la isla mítica de donde proviene el oro se llama Guanín, como lo consignan tanto Colón como Pané.

Volviendo al rito de investidura, el capítulo VI comienza cuando Guahayona, tras raptar las mujeres de su cacique y llevarlas a Matininó, regresa a Guanín y ve en el mar a una mujer, "de lo cual tuvo gran placer". Entiéndase que no sólo se alegró de verla, sino que tuvo placer con ella, coito que le produce la enfermedad cutánea que Pané describe como sífilis y que le obliga a buscar lavatorios

[22] Fray Bartolomé de Las Casas: *Historia de las Indias. Obras escogidas*, Madrid, Biblioteca de Autores Españoles, 1958, I: 251.

[23] Cristóbal Colón: *Los cuatro viajes del Almirante y su testamento*, Madrid, Espasa-Calpe, 1964: 115.

curativos. Tanto en los mitos amazónicos de los barasana y los guarao, así como en los de los caribes de las Antillas Menores, las manchas de la piel suelen ser un castigo al incesto del héroe luna.[24] Si en el discurso mítico la enfermedad es el castigo a una transgresión, en el caso de Guahayona son varias las violaciones, y entre ellas está el incesto: se lleva a las mujeres de la cueva que no son otra cosa que sus hermanas.

Pero lo que nos interesa es el rito de paso. Primeramente tenemos los lavatorios, que marcan la etapa de separación de su estado anterior de aspirante a cacique (recordemos que mata a Anacacuya y le roba las mujeres). En este rito, oficia como sacerdotisa la mujer con la que se acostó en la playa, una deidad femenina asociada a las aguas, y de nombre Guabonito. Ella le coloca en un lugar apartado que bien podría ser una pequeña choza, y en términos simbólicos representa la liminalidad de la gestación. Después del período de aislamiento, Guahayona se incorpora ritualmente al oficio de cacique. Esta tercera etapa se expresa mediante tres símbolos: la curación, el nuevo nombre, y la aceptación de las cibas y los guanines. La superación de la enfermedad supone la adquisición de una nueva piel o un nuevo nacimiento. El nuevo nombre también es alusivo a vida nueva. En cuanto a las cibas y los guanines, son los distintivos del nuevo rango.

Cabe la pregunta del posible significado de que

[24] Mercedes López-Baralt: 1977, 69-71.

sea Guabonito, una mujer, la que oficie como sacerdotisa en el rito, o dicho en otras palabras, de que el poder le sea concedido a Guahayona por manos femeninas. Quizá hay aquí un recuerdo de la sucesión matrilineal de los caciques, que los cronistas señalan, si no como predominante, como una tendencia fuerte. Pero los datos históricos sobre el parentesco en la sociedad taína son contradictorios, y no permiten discernir una forma dominante de sucesión. De todas maneras, hay que tener cuidado al intentar la descodificación de los mensajes que comunica el mito. Como apunta Eva Hunt, éste tiene tres niveles; el *mensaje,* sujeto a los cambios del proceso social; el *código,* que provee información etnográfica confiable: detalles sobre flora, fauna, geografía, costumbres y cultura material, sobre los que se articula el mensaje; y la *estructura,* que permanece fija por mucho tiempo y trasciende límites geográficos, sociales y culturales.[25] De los tres niveles del mito, el mensaje es el más variable. Por otra parte, al tratar de resolver simbólicamente algún conflicto en una cultura dada, el relato, bien puede construir una realidad opuesta a la social, como sucede en la famosa historia de Asdiwal con que Lévi-Strauss ilustra la lógica del mito.[26]

El rito dual de acceso a la pubertad para hembras

[25] Eva Hunt: *The Transformation of the Hummingbird. Cultural Roots of a Zinacantecan Mythical Poem,* Ithaca/London, Cornell University Press, 1977: 258-259.

[26] Lévis-Strauss: "The Story of Asdiwal", *Structural Anthropology,* II, New York, Basic Books, Inc., 1976: 146-197.

y varones está implícito en el mito de creación de las mujeres. Lo citamos a continuación:

Dicen que un día fueron a lavarse los hombres, y estando en el agua, llovía mucho, y que estaban muy deseosos de tener mujeres; y que muchas veces, cuando llovía, habían ido a buscar las huellas de sus mujeres; mas no pudieron encontrar alguna nueva de ellas. Pero aquel día, lavándose, dicen que vieron caer de algunos árboles, bajándose por entre las ramas, una cierta forma de personas, que no eran hombres ni mujeres, ni tenían sexo de varon ni de hembra, las cuales fueron a cogerlas; pero huyeron como si fuesen anguilas. Por lo cual llamaron a dos o tres hombres por mandato de su cacique, puesto que ellos no podían cogerlas, para que viesen cuantas eran, y buscasen para cada una un hombre que fuese caracaracol, porque tenían las manos ásperas, y que así estrechamente las sujetasen. Dijeron al cacique que eran cuatro, y así llevaron cuatro hombres, que eran caracaracoles. El cual caracaracol es una enfermedad como sarna, que hace al cuerpo muy áspero. Después que las hubieron cogido, tuvieron consejo sobre cómo podían hacer que fuesen mujeres, puesto que no tenían sexo de varón ni de hembra. (VII: 26-27)

Buscaron un pájaro que se llama inriri, antiguamente llamado inriri cahubabayael, el cual pájaro agujerea los árboles, y en nuestra lengua llámase pico. E igualmente tomaron a aquellas mujeres sin sexo de varón ni de hembra, y les ataron los pies y las manos, y trajeron el pájaro mencionado, y se lo ataron al cuerpo. Y éste, creyendo que eran maderos, comenzó la obra que acostumbra, picando y agujereando en el lugar donde ordinariamente suele estar el sexo de las mujeres. Y de este modo

dicen los indios que tuvieron mujeres, según cuentan los más viejos. (VIII: 27-28)[27]

La carencia de mujeres a la que alude el relato
parece consecuencia del acto adúltero e incestuoso
de Guahayona al robar las mujeres de la cueva y
dejarlas en Matininó. Esta isla mítica, poblada por
mujeres solas, aparece aludida por primera vez en el
*Diario* de Colón. A partir de aquí serán muchos los
cronistas que hablen de tribus de "amazonas" sin
hombres: las referencias apuntan a grupos de la
parte norte del Amazonas, las márgenes del Orinoco, las del Vaupés, el Golfo de Paria en Venezuela, el Río Grande de Santa Marta en Colombia, y
otros lugares. El dato no aparece corroborado en
ningún momento por informaciones etnográficas
de primera mano, sino que proviene de la tradición
oral nativa y es re-elaborado por los españoles, que
proyectan sobre el relato sus reminiscencias litera-
rias clásicas.

¿Cuál es el origen de la noción mítica de pueblos
de mujeres sin hombres? Pudiera tratarse de una
metáfora para sociedades matriarcales, pero en el
caso que nos ocupa, el texto de Pané, las mujeres
solas de Matininó sufren una transformación
reapareciendo como seres asexuados en el próximo
mito. Mujeres solas o sin hombres entonces podría
equivaler a niñas que no han alcanzado la pubertad. Recordemos que el mito comienza precisa-

[27] Mercedes López-Baralt: 1977, 41-47.

mente con un grupo de hombres sin mujeres, que también pueden ser transformaciones de los hombres de la cueva originaria: a su vez, niños impúberes.

Si examinamos los capítulos citados, reconoceremos las tres etapas del rito de paso, esta vez dual. La primera, de separación, afecta a los varones: los encontramos lavándose. Aparecen entonces las mujeres en estado liminal: como "cierta forma de personas, que no eran hombres ni mujeres, ni tenían sexo de varón ni de hembra". La tercera etapa incorpora a estos seres asexuados, niñas sin hombre, a su nuevo rol de mujeres: el pájaro carpintero las prepara para el sexo al desflorarlas.

El mito es una variante de lo que Lévis-Strauss llama el ciclo "de la prometida de madera" en el área amazónica. En todos los casos la mujer tallada de madera en un momento de necesidad por el héroe ha quedado incompleta y es un pájaro, casi siempre el carpintero, el que le abre el sexo, completando así la creación. A modo de ilustración, citamos un texto de los guarao de Venezuela:

...Imanaidorotu, Señor de la Noche, dijo a Jokojiarotu, Señor del Sol:

—Cuñado, ya estoy fastidiado de tanta oscuridad. Te daré una mujer si logras que sea día.

Aceptado el contrato, Jokojiarotu tiró de la cuerda y apareció el Sol

Mas al cumplirse las seis horas, volvió a tirar de la cuerda y volvió a ser de noche.

—Cuñado —dijo al Dueño del Sol el Señor de la Noche—, seis horas no son sino medio día. Te daré otra mujer para que vuelva a salir el Sol por otras seis horas. De ese modo tendremos doce horas de Sol, que dan el día completo.

Jokojiarotu aceptó la propuesta, pero Imanaidorotu no tenía otra mujer para cumplir su compromiso.

—¿Qué hacer? —se dijo Imanaidorotu.

Después de pensarlo, cogió su machete y del tronco de un jobo talló el cuerpo de una mujer, que resultó sumamente hermosa y que por haber sido hecha de jobo (usiru) denominó USIRUMANI.

Era tan bonita, que al verla Jokojiarotu quedó enamorado. Pero no pudo casarse con ella, porque era una mujer de palo.

—¿Cómo haré? —se dijo— para poder tenerla por mujer mía...

—Mono sabio, haz que este palo sea mujer para casarme con ella.

Pero el mono sabio no pudo hacerlo. ¡Era poco brujo...! Llamó entonces al jefe o pájaro carpintero:

—Picocarpintero, haz que esta mujer de palo sea mujer de verdad para que pueda casarme con ella.

El picocarpintero comenzó a dar picotazos en el palo, y al llegar a cierto sitio, brotó repentinamente un chorro de sangre .....................

Jokojiarotu, el Dueño del Sol, se casó con Usirumani, la Mujer de Jobo, y desde entonces hubo siempre día y noche hasta nuestros días...[28]

Que la iniciación sexual sea dual y colectiva es una práctica avalada por la etnografía amazónica y se expresa míticamente en la falta de diferenciación de las etapas del rito en cuanto a los sexos: la pri-

---

[28] Recogido por Fray Cesáreo Armellada en *Literaturas indígenas venezolanas* (1975) y citado por Mercedes López-Baralt (1977: 36-37).

155

mera alude a los varones, mientras que la segunda y la tercera se refiere a las mujeres. Por motivos obvios, el que las niñas accedan a la pubertad convierte a los niños en adultos. Ellas, a su vez, son convertidas en mujeres por el falo que asume forma de pájaro carpintero. Y no se trata sólo de madurez sexual, sino social. Todo rito de pubertad en una sociedad tradicional convierte a los neófitos en adultos que se integran de inmediato a las tareas productivas de la comunidad.

El relato es complejo y no tenemos tiempo de comentar todos sus aspectos; pero es interesante el detalle que alude a la necesidad de buscar "caracaracoles" u hombres sarnosos para agarrar a los seres asexuados que devendrán mujeres. Ya hemos visto que la enfermedad cutánea tiene connotaciones sagradas en la mitología taína; por otra parte, el término *caracaracol* —que asumen los hermanos que fundan, con Deminán, la nueva humanidad tras el diluvio— parece aludir a un rol de parecida importancia. Las niñas no podían ser transformadas en mujeres por cualquiera: resulta evidente que la transición debía darse dentro de un contexto ritual, y ser propiciada por agentes debidamete entrenados por la sociedad para este fin. La referencia al número cuatro, sobre el cual no se nos da más información, encaja bien dentro de la cosmología nativa americana: se trata del número mágico de nahuas y mayas, que conciben el universo como un cuadrilátero cósmico regido por la ceiba sagrada; así como de los incas: el Tawantinsuyo no es otra cosa que el imperio "de las cuatro regiones". Por

último, puede que el mito incida en la reglamentación de las relaciones entre los sexos, prohibiendo
el incesto y prescribiendo la exogamia: los hombres
tienen que inventarse mujeres, crearlas, pues las
propias, robadas por Guahayona, no les son
asequibles.

Interesantemente, los cuatro mitos estudiados (la
creación, la iniciación sexual, la conquista del
cazabe y la instalación del poder cacical), que son
los más completos del texto de Pané, son elabora-
ciones simbólicas sobre los problemas más importantes de cualquier sociedad: el origen del hombre,
la reproducción de la vida, la producción del alimento y su reglamentación, que no es otra cosa que
la organización política.

Hemos intentado un acercamiento a nuestro primer corpus mítico con el propósito de ilustrar la
otredad discursiva en la literatura colonial, desde el
mestizaje de la crónica indiana, en la que coexisten
el discurso europeo con el nativo. Esta vuelta al
origen nos confronta otra vez con el trópico,
emblema de lo americano, o al decir de Carpentier,
simbiosis monumental de tres razas: la blanca, la
indígena y la africana.[29] El texto de Pané, circuns-

[29] Alejo Carpentier: "La cultura de los pueblos que habitan en las
tierras del Mar Caribe", *Casa de las Américas*, La Habana, Cuba, Núm.
118, enero-febrero 1980: 2-8. La cita lee como sigue: "Ha sido descu-
bierta América y de repente, por una serie de circunstancias que ustedes
conocen, resulta que nuestro suelo, y muy particularmente el suelo
caribe, se hace teatro de la primera simbiosis, del primer encuentro
registrado en la historia entre tres razas que, como tales, no se habían
encontrado nunca: la blanca de Europa, la india de América, que era
una novedad total, y la africana, que si bien era conocida por Europa,

crito por el fraile a los indios de "la isla Española; porque de las otras islas no sé cosa alguna por no haberlas visto jamás", es valedero para las Antillas todas, como se desprende de las fuentes históricas y arqueológicas.[30] Cuando García Márquez reduce hoy "todo el enigma del trópico a la fragancia de una guayaba podrida"[31], sin querer está montando la metáfora de América sobre la imagen del paraíso taíno que describe Pané, aquel bosque idílico donde los muertos comían guayabas y amaban a los vivos.[32]

era desconocida totalmente del lado de acá del Atlántico. Por lo tanto, una simbiosis monumental de tres razas de una importancia extraordinaria por su riqueza y su posibilidad de aportaciones culturales y que habría de crear una civilización enteramente original."

[30] Las Casas: *Op. cit.* (III: 416). El fraile incluye desde las Bahamas hasta la costa norte venezolana en el complejo cultural antillano: "Para principio de lo cual es importante saber que las gentes desta Española, y la de Cuba, y la que llamamos de San Juan, y la de Jamaica, y todas las islas de los Lucayos, y comúnmente todas las demás que están en cuasi renglera desde cerca de la Tierra Firme, comenzando del Poniente al Oriente, bien por más de quinientas leguas de mar, y también por la costa de la mar, las gentes de la Tierra Firme por aquella ribera de Paria, y todo lo que de allí abajo hasta Veragua, cuasi toda era una manera de religión, y poco o cuasi ninguna, aunque alguna especie tenían de idolatría."

[31] Gabriel García Márquez: *El olor de la guayaba. Conversaciones con Plinio Apuleyo Mendoza*, Barcelona, Bruguera, 1982: 44.

[32] Pané describe así el trasmundo taíno: "Dicen que durante el día están recluidos (los muertos), y por la noche salen a pasearse, y que comen de un cierto fruto, que se llama guayaba, que tiene sabor de (membrillo), que de día son... y por la noche se convertían en fruta, y que hacen fiesta, y van juntos con los vivos. Y para conocerlos observan esta regla: que con la mano les tocan el vientre, y si no les encuentran el ombligo, dicen que es *operito*, que quiere decir muerto: por eso dicen que los muertos no tienen ombligo. Y así quedan engañados algunas veces, que no reparan en esto, y yacen con alguna mujer de las de Coaybay, y cuando piensan tenerlas en los brazos, no tienen nada, porque desaparecen en un instante..." (Coaybay es la región de los muertos. Pané: 1974: 32-33).

# NOTA BIO-BIBLIOGRAFICA

Mercedes López-Baralt obtuvo su maestría en literatura en la Universidad de Puerto Rico, doctorándose en antropología simbólica por Cornell (New York) en 1980. Especialista en literatura colonial latinoamericana, mitología nativa y semiótica de la imagen, es autora de un libro y diversos ensayos sobre los dibujos del autor andino Guamán Poma de Ayala. Ha escrito sobre el mito de Inkarrí y ha propuesto —en colaboración con Donald Solá— una nueva transcripción quechua y versión castellana para la elegía anónima por la muerte de Atahualpa. Durante su estadía como profesora visitante en la Universidad de Cornell en la primavera de 1984 organizó un simposio sobre la iconografía política del Nuevo Mundo. Es miembro fundador de la *Latin American Indian Literatures Association* de Estados Unidos y actualmente enseña en el Departamento de Estudios Hispánicos de la Universidad de Puerto Rico en Río Piedras.

*La composición tipográfica*
*de este volumen se realizó*
*en el Taller Huracán*
*Ave. González 1002*
*Rio Piedras, Puerto Rico.*
*Se terminó de imprimir*
*en abril de 1985*
*en Editora Corripio, C. por A.*
*Santo Domingo, República Dominicana*

*La edición consta de*
*2,000 ejemplares.*

Mercedes López-Baralt obtuvo su maestría en literatura en la Universidad de Puerto Rico, doctorándose en antropología simbólica por Cornell (New York) en 1980. Especialista en literatura colonial latinoamericana, mitología nativa y semiótica de la imagen, es autora de un libro y diversos ensayos sobre los dibujos del autor andino Guamán Poma de Ayala. Ha escrito sobre el mito de Inkarrí y ha propuesto —en colaboración con Donald Solá— una nueva transcripción quechua y versión castellana para la elegía anónima por la muerte de Atahualpa. Durante su estadía como profesora visitante en la Universidad de Cornell en la primavera de 1984 organizó un simposio sobre la iconografía política del Nuevo Mundo. Es miembro fundador de la Latin American Indian Literatures Association de Estados Unidos y actualmente enseña en el Departamento de Estudios Hispánicos de la Universidad de Puerto Rico en Río Piedras.

ediciones eb huracán